全球视野下的中国

当下格局与竞争态势

李永刚 著

CHINA

IN A

GLOBAL PERSPECTIVE

The Current Pattern And The Competitive Situation

江苏人民出版社

图书在版编目(CIP)数据

全球视野下的中国:当下格局与竞争态势 / 李永刚
著. —南京：江苏人民出版社，2023.12
ISBN 978 - 7 - 214 - 28056 - 5

Ⅰ. ①全… Ⅱ. ①李… Ⅲ. ①政治-研究-中国-现代 Ⅳ. ①D6

中国国家版本馆 CIP 数据核字(2023)第 056366 号

书　　　　名	全球视野下的中国:当下格局与竞争态势	
著　　　　者	李永刚	
责 任 编 辑	朱　超	
装 帧 设 计	刘　俊	
责 任 监 制	王　娟	
出 版 发 行	江苏人民出版社	
地　　　　址	南京市湖南路 1 号 A 楼,邮编:210009	
照　　　　排	南京紫藤制版印务中心	
印　　　　刷	江苏扬中印刷有限公司	
开　　　　本	880 毫米×1230 毫米　1/32	
印　　　　张	6.25	
字　　　　数	155 千字	
版　　　　次	2023 年 12 月第 1 版	
印　　　　次	2023 年 12 月第 1 次印刷	
标 准 书 号	ISBN 978 - 7 - 214 - 28056 - 5	
定　　　　价	40.00 元	

(江苏人民出版社图书凡印装错误可向承印厂调换)

目　录

上　篇

中国崛起：世界格局演化的关键点

　　要理解一个时代，必须从国家的基本面谈起。作为一个规模巨大且沧桑巨变的国家，中国的整体表现并不容易拿捏。从局部和眼下来看，人们容易聚焦到各种问题，产生焦虑甚至沮丧情绪。但如果用更恢弘的时空视野来衡量，就能看到一个一直进步并成就喜人的活力国家，激活起伟大的雄心。盲人摸象不行，刻舟求剑也不对。专注细枝末节，对小概率事件过度反应，小布尔乔亚思考问题的"深度"无非就是这点东西。

　　习近平总书记提出了一个重要的观点：我们要胸怀两个大局。向外观察是世界百年未有之大变局，向内观察是中华民族伟大复兴战略全局。向外看，世界百年未有之大变局加速演进，新一轮科技革命和产业变革深入发展，国际力量对比深刻调整。同时，世纪疫情影响深远，逆全球化思潮抬头，单边主义、保护主义明显上升，世界经济复苏乏力，局部冲突和动荡频发，全球性问题加剧，世界进入新的动荡变革期。向内看，我国制度优势显著，治理效能提升，经济长期向好，物质基础雄厚，人力资源丰富，市场空间广阔，发展韧性强劲，社会大局稳定。我国发展具备了更为坚实的物质基础、更为完善的制度保证,实现中华民族伟大复兴进入了不可逆转的历史进程。

2017年12月28号,习总书记第一次提出"当今世界面临着百年未有之大变局"。截至2023年2月,他在各种讲话中172次使用了这个说法,平均11天强调一次。这不仅是中国对世界格局的研判,也是中国所有战略和政策的背景和起点。百年大变局的关键结论是:世界正处于新的动荡变革期。动荡是个坏词,变革是个好词,对应着中共二十大报告的说法:战略机遇和风险挑战并存,不确定性和难预料因素增多。

在改革开放较长时间里,国家始终强调和平发展是时代主题,后来又强调难得的战略机遇期,最近几年不断提及风险挑战。由于诸多因素的复杂搅动,国家对外部形势的研判趋于严峻,世界正在变得不友好。糟糕的是,未来较长时间可能会变得越来越不好,二战以来的基本秩序正在崩塌,新的秩序尚未建立。人类礼崩乐坏,进入战国年代。幸运的是,中国的情况相当不错。经过长期建设发展,民族复兴进入了不可逆转的历史进程。

国家对外部世界略感悲观,但对自己的命运仍然乐观。外部世界颇多不确定,我们自己的命运,只要继续努力,结局笃定。

那么,如何更好地读懂这种对形势的宏大论述?我们需要构建一个简约的分析框架。按照大国竞争的长期历史逻辑,我们可以选择4个关键变量来描述变化和挑战。这4个变量分别是:经济竞争、科技竞争、军事国防竞争和综合国力竞争。经济、科技、军事国防和综合国力是衡量一个国家发展水平的重要指标,也是国家竞争的焦点。

第一章 经济表现:关键指标稳健增长
      并位居前列

中国经济实力已经进入世界前列。我们先看这张非常直观的图表:

1990-2021年,美国GDP占世界比重从26%降到24.0%,中国占比从1.83%提高到18.5%,从相当于美国的7%提高到77%,是近100年来经济规模相对美国比例最接近的国家,并历史性超过欧盟27国总量之和。

这是 2022 年全球 GDP10 强国家排名,右下角还有第 11—15 强。

美国依然高居榜首,中国继续紧随其后,与美国相比仍有差距,跟后面的国家相比,我们已经长成了大个子。中国目前的经济规模大约等于 4.2 个日本,横扫日本、德国、英国、法国 4 个老牌强国,远超印度、英国、法国、俄罗斯、加拿大、意大利 6 国,也历史性地超过了欧盟 27 个国家。显然,我们不再是过去那个积弱积贫的国家，我们显赫地回到了世界舞台的中央。

中国经济大省的表现也很出色。排名第一的广东追平了第十一名巴西，第二名江苏追上了第十二名澳洲、第十三名韩国。

与美国相比，追赶情况最好的时候是 2021 年，那年人民币对美元的汇率最强，当年中国达到了美国总量的 77%，这是自一战结束美国领跑世界以来，追赶美国最接近的国家。此前最厉害的是日本，在 1995 年达到美国的 71%，触发了美国的强烈打压。2022 年美元计价的日本经济规模仅为 4.23 万亿，跌回 1993 年，失落了 30 年，还差一点被德国追上。

日本是美国的盟友和小弟，因为追得太近，都引发了美国的强烈反应。中国追到这个程度，当然更严重加深了美国的焦虑。不到 10 年前，时任美国领导人曾明确表示，"美国欢迎一个稳定、繁荣与和平的中国的崛起"。近年来，美国改变了对中国的政策，认为中国威胁到了美国的全球主导地位。2023 年以来，美国国会加紧推进相关法案，宣称要终止中国的发展中国家地位。美国这样做是因为担心被中国赶超，是为了遏制打压中国。

中美激烈竞争，是当前全球形势不稳的重要原因。当然，并非唯一原因。对中国来说，也只有咬紧牙关，继续攀登一种选择。

中国靠什么去争取未来？我们来看接下来这个命运攸关的指标，这就是工业实力，集中展现为制造业总产值。

2022 年，中国的这项指标表现神勇，已经等于美德日韩四大工业强国之和，达到了西方最强 G7 国家规模的 92%。中国制造业总量占到了全球 30% 左右，三分天下有其一。中国的工业生产能力更是超过全球 40%。这个世界约 4 成以上的终端工业品由中国人生产制造，我们牢牢控制了人类物质生活的命脉和命门。在这个意义上，我们已经大到不能倒。制造业是人类财富创造的

Map of the World's Manufacturing Output

相对标准化和成熟的资本密集+智力密集型产业，中国企业用5—10年时间，完成从进口依赖到占全球半份额的进化，并形成规模+成本+技术的统治力。制造业是财富创造的源泉，超强的中国制造业是一切乐观的根源。

2022年 中国制造业总产值=美德日韩之和≈G7（美英德法意日加）之和

真正源泉，中国人出色的能力使我们可以对国运长期乐观。

走到这一步，几个头部国家就形成了几种不同的风格。美国说，我有钱，还能随意印，这是金融霸权。俄罗斯说，家里有矿，取之不尽，用之不竭，这是自然禀赋好。中国的强项是特别能劳动。家里有钱、有矿和能干活的人正在竞争未来。有人将这种状况通俗地比喻为：美国拿着金融的镰刀，俄罗斯手持资源的大棒，中国举着工业的巨锤。

中国是典型的生产型文明。如果中国有未来，就必须坚守这个核心竞争力，即硬核工业能力。2023 年全国人大会议期间，习总书记参加江苏代表团审议时语重心长地叮嘱，坚持把发展经济的着力点放在实体经济上，加快建设制造强省，"任何时候中国都不能缺少制造业。"

幸运的是，我们的工业能力不仅大，还在向着强继续升级。按照业内观察家的说法，这些年来，中国明显更厉害了。那么相对标准化和成熟的资本密集+智力密集型产业，只要被中国企业盯上，一般只用 5—10 年时间，就能完成从进口依赖到占全球过半份额的进化，并形成规模＋成本＋技术的统治力。

中国用这种能力拿下了越来越多的产业地盘，也走过了挺长的时间，现在正在极限挑战西方强国最后的高科技。走到这一步，世界就变得紧张了。当年中国加入WTO的时候，美国主导了全球化秩序的大分工。按照美国人的安排，它主要从事金融和高科技，拿走利润大头。欧洲和日韩可以适当发展中高端制造业。俄罗斯、中东、拉美等国家靠天吃饭，主要卖能源资源。中国的定位就是世界工厂，给我们分配的角色就是干苦活、脏活和累活，为西方世界提供价廉物美的商品，供应他们美好的生活。当年，中国实力一般，没有选择，我们就这样进入了全球化，辛苦又聪明地奋斗了二十多年。到现在，我们心中仍有一团火，不甘心永远只做打工者的角色，不甘心命运的天花板如此之低。现在中国人要拳打脚踢，逆天改命，向上冲。过去，我们接受全球分工，现在我们高中低全都要。美国人着急了，他们希望中国永远生产裤子、袜子、短裤背心，他们讨厌中国冲击高科。

背后的大逻辑是这样的：人类很长时间没有伟大的科技革命，使得财富蛋糕的长期增长已经相当有限，许多领域都陷入了悲伤的存量博弈。市场总规模就这么大，谁吃就是一个严重问题。西方主要发达国家加起来10亿人出头，用了两三百年走到今天；我们单一国家14多亿人，要用100年赶上和超过他们，既有的国际秩序承载不了中国的万丈雄心。假设西方强国始终霸着不放手，我们就很难实现复兴梦圆；反之，如果我们复兴梦圆了，恐怕会有若干强国倒在历史进程中。如果遵循现有的国际分工和秩序安排，中国的东南沿海两三亿人，北上广深七八千万人，能过上好甚至更好的生活，但广阔的中国腹地，更多的中国人民则没有希望。只能一边从西方强国那里挖蛋糕，一边通过"一带一路"做蛋糕。

因此,许多事情剑拔弩张,有的领域你死我活,大家都输不起。

今后 10 年,或者更长一些时间,在工业、科技、军事国防诸多领域,我们将与西方强国惨烈竞争,中国人可能也还没有为此做好足够的心理准备。这就是党的二十大提到的"伟大斗争新时代"。大的时代终究与过去不同。华山登顶只有一条路,中国人也只能咬牙走这条路上山。

幸运的是,多年来中国在工业领域进步非凡,拿住了工业时代的重要根基,几乎处于不败之地。

其中之一就是钢铁,钢铁被誉为工业时代的粮食,没有它任何机器都无法轰隆隆作响。当年毛泽东时代中国开启工业化,第一个伟大目标就是大炼钢铁,期望超英赶美。当年国力不够,也有点着急,未能成功。如今回头看,大跃进也是小目标,我们无限超越了当年的想象。

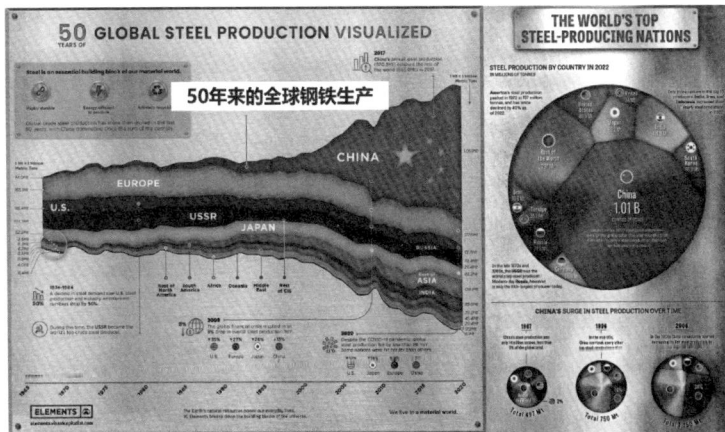

截至 2022 年,人类有史以来冶炼出的全部钢铁,新中国贡献了压倒性的一半还多。在较长时间的每一年每一天,我们都贡献了一半还多。仅仅河北一省的钢铁产量,就可以碾压其他任何国家。钢铁的事，我们拿捏得相当稳。

另一个重要根基是电。没有电，人类将打回蛮荒，退回原始。中国的发电装机量和发电能力占全球 30％，工业用电是美国的 5.1 倍，是 G7 国家工业用电之和的两倍。从钢铁和电这两个关键角度来看，中国的工业能力可能还被低估了。

有人认为那是旧工业革命时代的成就，而新的工业革命正在涌现，中国还行吗？新的工业革命依然众说纷纭，但有两条线索逐渐清晰：一条是新能源革命，一条是 AI 引发的新数字革命。新能源领域中国已经卓越领先，AI 背后的大数据、算法和算力，我们也完全咬住了美国的节奏。

再来看一张神来之笔的图表。几年前，美国国会讨论中国威胁论，科学家给美国议员们呈现了这张图，震撼全场。这张图是元素周期表中的中国产能占比。

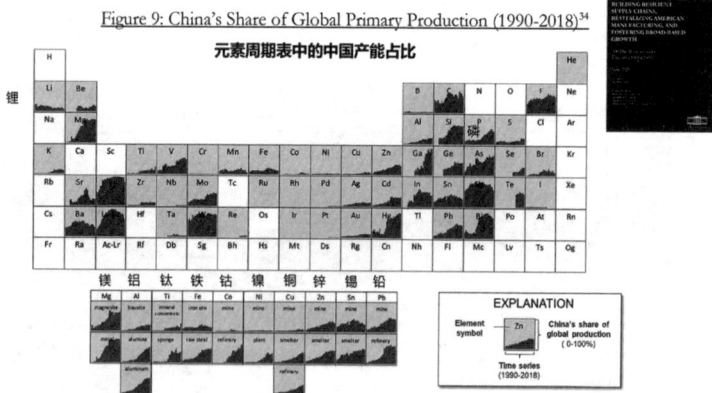

Figure 9: China's Share of Global Primary Production (1990-2018)[34]

从 1990 年到 2018 年间，对世界基础元素的掌控，大部分中国都获得了压倒优势。2021 年全球金属产出约 28 亿吨，分为铁矿石、工业金属、技术与稀有金属三类，中国基本有超过一半的产出

或者消费。前十种有色金属,中国 2022 年生产 6774.3 万吨,占全球
56%,其中产氧化铝 8186.2 万吨占全球 59%,精铜 1106.2 万吨占全
球 43.1%,是外国前 12 名之和。技术和稀有金属中,2022 年中国稀
土矿产出占全球 70%,稀土加工占 90%,镓产量占 95%,锗 72%。
难以想象我们对地球自然资源的支配,已经达到了这样的程度。

不仅是工业能力的巨大优势,我们再回到经济生活的基本面。
企业是市场经济的主体,是微观经济生活的细胞。当然,企业数量
过大,生死难料,命运浮沉,因此,大国竞争主要看头部榜单,最重要
的就是世界 500 强。

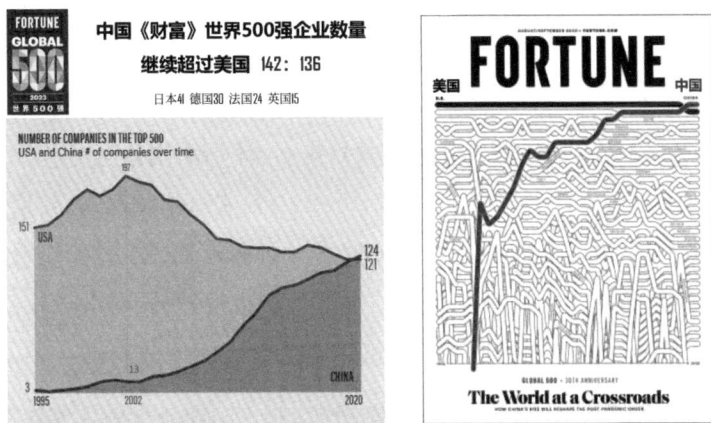

2023 年 8 月,福布斯发布了年度榜单。中国入围 500 强的企
业数量 142 家,美国 136 家,第三次超过美国。其他国家日本 41
家,德国 30 家,法国 24 家,英国 15 家,中国不跟他们比,已经不在
一个层级。接下来,主要仍是中美两国继续竞争。

我们引入时间,来看看发展和变化。中国的企业发育非常晚,
直到 1995 年,才首次有三家企业挤进了 500 强。之后的一段时
间,还被美国显著拉开了差距。数量悬殊最大的时间是在 2002

年,那一年美国以197:13获得碾压级别胜利。穿越时光回到那一年,应该没有人相信我们能在短短20年内超过美国,没想到这个目标竟然已经实现了。再说说排名的变化。这项榜单历史悠久,起步于1955年,自从有榜单以来,美国始终就第一名。中国在1995年获得入门资格后,垂直拉升,长途奔袭,最终逆袭登顶。

面对此消彼长的态势,美国精英仍有些不甘。他们质疑中国上榜企业主要是央企国企,玩法不对。其实,2/3是央企国企,1/3是大型民企。美国希望中国纯私有化,再来比高低。然而,中国已经高度自信,大路朝天各走半边。中国模式就是坚定不移地把国资国企做优、做强、做大,这不仅是规模之争,背后也隐藏着道路和模式之战。

在企业发育的过程中,中国的金融力量也超常规成长。英国《银行家》杂志每年推出全球大银行排名,评估关键指标是一级资本。一级资本由普通股、优先股、资本溢价、未分配利润、可转换成股票的债券、呆账准备金以及其他资本储备所组成。以一级资本来衡量,全球最大的银行分别是中国工商银行、中国建设银行、中国农业银行和中国银行,四大行连续6年蝉联全球银行前4强。

世界银行20强 中国包揽前4强

2023年7月发布的榜单显示,中国四大行连续第六年蝉联全球1000大银行前四名,全球前20强银行中国占据10席。中国共有140家银行上榜,其一级资本超过美国银行的两倍。

*一级资本由普通股、优先股、资本溢价、未分配利润、可转换成股票的债券、呆账准备金以及其他资本储备所组成。

全球银行20强 (按一级资本排名)			
排名	银行名称	所属国家	一级资本(百万美元)
1	中国工商银行	中国	497,281
2	中国建设银行	中国	407,229
3	中国农业银行	中国	379,867
4	中国银行	中国	339,484
5	摩根大通	美国	245,631
6	美国银行	美国	208,446
7	花旗集团	美国	169,145
8	富国银行	美国	152,567
9	交通银行	中国	145,443
10	汇丰控股	英国	139,067
11	招商银行	中国	131,588
12	中国邮政储蓄银行	中国	117,312
13	法国农业信贷银行	法国	113,898
14	三菱日联金融集团	日本	111,355
15	法国巴黎银行	法国	110,048
16	高盛集团	美国	108,552
17	兴业银行	中国	106,979
18	上海浦东发展银行	中国	97,110
19	中信银行	中国	96,063
20	西班牙桑坦德银行	西班牙	88,333

来源:www.thebankerdatabase.com

　　若干年前,中国或者西方强国都无法想象这样的情况。让我们回溯到 1998 年。当年中国金融系统问题严重,坏账连连。时任总理朱镕基同志非常着急,要对银行改制,专门邀请了美国华尔街的高手来顾问协助。总理向美国客人介绍情况时说,中国的 4 大行加起来,还比不上美国花旗银行一家。美国顾问则不客气地表示,查看了你们的账本,发现它们不仅表现很差,实际上已经破产。没想到若干年后中国的大银行还都活着,甚至活得更滋润。在全球前 10 强中,还要加上交通银行,占了一半;前 20 强中,中国也占了一半。在 1000 强中,共有 140 家中国银行,一级资本规模大约为美国银行的两倍。在这个意义上,中国竟然有些不差钱的感觉。

　　有人说,那是国家和企业的钱,中国老百姓有钱吗? 受限于统计能力,学者们大多认为中国人的收入是一个谜,现有的统计数据可能不足以展示中国人的真实财富家底。但一种定性描述的结论被普遍接受。中国人的财富水平可以分为三个板块,头部的 1 亿多人,已经相当有钱;随后的三四亿人,与过去相比显著改善;后面的七八亿人比较一般,最后的一两亿人则特别困难。中国是一个巨大规模的国家,眼光落在不同的地方,有关中国人有钱或者中国人穷的结论,可能同时为真。

　　人口规模是一个惊人的变量。以美国为例,3.3 亿人,全世界仅次于中国和印度,但与中国相比,还不到中国人口规模的零头。我们可以做一个架空的假设,将中国最有钱的人,例如,从马云、马化腾这样的顶级富豪开始往下数,数到 3.3 亿停下来,拿这样头部人的生活水平,去跟全部美国人比过日子,差距应该不会太悬殊了。但事实是,中国还有 10 多亿人,这才是国家治理的难题,也是发展的长期压力。将这 10 多亿人也拉起来,是史诗级别的艰难任务。

如果说，老百姓的收入状况很难弄清楚，换个角度倒可以获得一个确切的说法。我们可以这样问：中国老百姓是否有钱可花？钱藏起来不容易知道，但花掉了就能看得见。这个指标非常重要，称为社会商品零售总额。社会商品零售总额是指国民经济各部门售给城乡居民及社会集团的消费品总额。这个指标反映了一定时期内人民物质文化生活水平的提高情况，反映社会商品购买力的实现程度，以及零售市场的规模状况。

我们继续进行中美的比较。2019 年，美国的这项指标是 6.2 万亿美元，中国是 6 万亿美元，相当接近。在 1992 年，美国人花掉 2 万亿美元的时候，中国只花了不到 2000 亿美元，10 倍的落差。一旦引入时间，就有沧桑感觉。但最新数据发生了较大的变化，2022 年美国人花了 8.1 万亿，中国人只了 6.5 万亿。差距拉大了。原因可能复杂，但最重要的就是：疫情影响。在过去的三年里，对世界造成困扰最大的就是新冠病毒。美国抗疫无能，但印钞无敌。为了应对疫情，美联储开动核动力印钞机，开着直升机撒钱。按照美联储的权威说法，在最高峰时，美国人手里拿着 2.7 万亿美元的超额储蓄，天上掉馅饼，大家醉生梦死，疯狂消费。中国一直在积极动态清零，出行和消费受到一些压抑，对未来预期也不够乐观，这个指标陷入困境。2023 年春节以来，中国逐渐复苏，数据正在好转。国家相信在不久远的未来，能够在这个指标上超越美国。

正是基于这样的乐观研判，国家在经济战略方面进行了重大调整，提出了新发展格局的重要部署，意味着要用内循环为主，来牵引新的双循环。

过去中国的经济发展，主要动力是出口导向实现外循环，今后更多地要向内看。较长一段时间,中国的基本国情是人多人穷。人多本来是好事,可以拼命生产;但人穷就是坏事,怕生产出来卖不掉买不起。在对外开放不足的时期里,我们将人口规模视为包袱,坚定地推行计划生育,通过压制人口增长来促进经济成功。但随着中国加入 WTO 和全球化,情况豁然开朗,原来人多真的是优势。我们固然穷,但外面的世界真的有钱。当时,西方国家声称拥有 10 亿中产,10 亿中流砥柱,他们持币待购,嗷嗷待哺。于是,中国终于开足马力,拼命地造造造,聪明地卖卖卖,西方也开心地买买买。这是一个造-卖-买的循环。中国 4 亿中产伟大崛起,西方国家的腰包逐渐扁平了。现在,我们观察到西方国家的消费实力下降,意愿低迷,未来不能再像过去那样指望他们。而 4 亿中产支撑的国内市场,则形成了浩荡的态势。在新的历史阶段,有必要适当调整,眼光向内,对中国人自己更好一些。

当然,中国人吃过苦头,知道这么大一个国家,绝不能闭关锁国,也不可以关起门来闹革命,终究还是要靠全球化,要实现双循环。

经过多年努力,中国在外循环领域也积累了相当可观的实力,主要表现在国际贸易进出口总值上,这是外循环的关键指标。

2021 年,这项指标达到了 6.05 万亿美元,不仅连续多年世界第一,而且同比实现了惊人的增长。2020 年,这项指标仅为 4.65 万亿。当年年底,国家制定了十四五经济社会发展规划,核心部门审时度势反复推算,最后大胆提出到十四五末期,也就是 2025 年,要将这项指标推到 5.1 万亿美元。然而人算不如天算,仅仅一年之内指标就达到了 6 万亿美元以上。一般来说,国家的中期预测能力相当准确,这次严重失准,定有原因。主要原因就是中美贸易战,让我们不敢对未来太乐观。

实际上，中国在 2001 年正式加入 WTO 以前实力一般。就最大贸易伙伴而言，美国相对中国，有压倒性的优势。没想到，中国入世后，很快就熟悉了国际贸易规则，随后迅速高歌猛进，展现了巨大的商业天赋。中国人经营市场经济体制的时间不长，但赚钱的头脑和能力或许无敌。只用了 20 年，全球贸易就沧海桑田，改变了颜色。中国人旋风般扫荡，成为大半个世界的最大贸易伙伴，美国龟缩退回到北美和西欧的传统版图。在这个消涨的历史进程中，美国人心态失衡，对中国由怨生恨，继而大打出手。2018 年，时任美国总统特朗普对中国发起了多轮罕见力度的贸易战。如今，5 年多过去，当年最乐观的人也想象不到结果，中国顽强挺住，美国没有占到便宜。当时舆论十分悲观，有三种典型论调。第一种是害怕，有人说美国发飙，我们恐怕生命难保。第二种是吐槽，抱怨中国定调太高，厉害国要被打回原形。第三种是投降。有的知识分子表示，现在此刻就是举白旗的时刻。有人认为，我们仍须谨记小平同志遗训，韬光养晦，绝不当头，甚至还得夹着尾巴做人。但实际上，时过境迁，大家都回不到从前。1990 年小平同志面对内忧外难，提醒中央审慎，当年中国的 GDP 总量为 1.89 万亿，2022 年是 121 万亿。那时候我们的总量只有美国的 7%，现在超过了 70%。很多事情变化了，一味隐忍退让，并不能解决问题。

实际上，中国人并未意识到我们进步太快，已经对西方国家构成了威胁。今天，我们说什么，他们都不愿听；做什么，他们都感到怕；就算我们表达善意，他们也不肯接受了。中国要调整姿态和心态，挺胸抬头，堂堂正正做人。

习总书记也经常要求高级领导干部，希望他们敢于斗争，勇于胜利。过去，中国主要跟着美国，在跟随式的全球化时代，岁月静好,承平日久,我们闷声发财,不关心天下大事。生活是变得好了一些,精神也萎靡了不少。毕竟,家里坛坛罐罐多了,我们患得患失、怕这怕那、畏首畏尾,暖风熏得游人醉,对苦难的承受能力明显下降,对进步的曲折表现出不耐烦,社会中涌动着浮躁的气氛。党中央认为,这样的状态不行。我们需要回望峥嵘岁月,从党百年奋斗的伟大精神中找回力量,这是近年来党史教育的良苦用心。

然而,残酷的贸易战打了一阵子,当新冠病毒向人类发起大战以后,被迫淡出了视野。新冠肺炎疫情是百年来全球发生的最严重的传染病大流行,是新中国成立以来我国遭遇的传播速度最快、感染范围最广、防控难度最大的重大突发公共卫生事件。中国率先应战,展现出超强能力,三年动态清零。

新冠疫情是一张考卷,虽然答题国各有各的国情、制度和文化,但从病毒对生命的伤害看,则是同一把尺子,可以量出很多距离。在发达经济体中,不仅意、西、法、英、德先后崩溃,拥有世界最强疾控和一流研究机构、堪称科技和医疗创新灯塔的美国,较长时间变成全球性流行病的绝对中心,更让许多人大跌眼镜。

2020年10月8日,医学界顶级期刊《新英格兰医学杂志》(NEJM)罕见地发表34名编辑签名的社论,谴责特朗普政府在应对冠状病毒流行病方面"无能到了危险的地步","这种失败的程度令人震惊",特朗普总统"把危机变成了一场悲剧",呼吁通过选举让其下台。社论指出,美国原本拥有很强的生物医学研究系统,也有公共卫生等方面的丰富专业知识,以及将这些专业知识转化为新疗法和预防措施的能力。然而政府在很大程度上选择了忽略甚至贬低专家,摧毁了CDC的信誉、将NIH边缘化、并将FDA政治化,掩盖真相,推动谎言满天飞,不断削弱人们对科学和政府的信任,造成的损害将会比他们的任期长得多。

三年抗疫，按《柳叶刀》超额死亡数据，救了中国老百姓 376 万条命。三年抗疫，按世界卫生组织数据，全球超额死亡 1820 万人，每 10 万人超死 120 人。中国每 10 万人超死小于 1 人，总超额死亡负 5.2 万，全球最低。三年抗疫，全球人类平均寿命大幅衰减，美国从 2019 年 78.8 岁，下降到 76.1 岁。中国从 2019 年 77.3 岁提高到 78.2 岁。三年抗疫，疫苗普及率提高到 90％以上，躲过病毒 7—8 波攻击，把当初超过 5％的致死率，降到现在致死率千分之几。

我们没有想到这件事持续的时间如此长，影响覆盖的范围如此广，打击力度如此深。尤其没有想到西方主要国家一个能打的都没有，一开始他们不以为然，横竖想看中国出洋相；后来深陷其中，手忙脚乱；最终弃疗躺平，干脆认命。相当长一段时间里，西方主要国家的工业能力受到重创，供应链遭受沉重打击，无奈之下只能向动态清零的中国下订单，买商品。因此，从国际贸易角度来看，这三年清零是一个简单故事，浓缩为一句话就是：趁你病，要你命。中国抓住了巨大的历史机遇奋力前行。

	人民币（万亿）				美元（万亿）			
	进出口	出口	进口	顺差	进出口	出口	进口	顺差（亿）
2019	31.54	17.23	14.31	2.92	4.58	2.5	2.08	4215
2020	32.16	17.93	14.23	3.7	4.65	2.59	2.06	5350
2021	39.1	21.73	17.37	4.36	6.05	3.36	2.69	6764
2022	42.07	23.97	18.1	5.87	6.31	3.59	2.72	8776

2019 年，中国没有疫情，顶着贸易战压力，忙碌一年，国际年贸易顺差为 4215 亿美元。随后，疫情来了，中国顽强战斗，2020

年实现贸易顺差 5350 亿美元,2021 年 6764 亿美元,2022 年 8776 亿美元。三年三大步,三年翻一番。

其中 2022 年,新冠战役之外,又遭遇了新的冲击。俄罗斯与乌克兰的军事冲突在欧洲腹地爆发,战争使得全球能源和大宗商品价格暴涨,年末盘点,十大工业强国除了中国、德国都出现严重的贸易逆差。日本逆差 1509 亿美元,创造历史纪录;韩国逆差 472 亿美元,1996 年以来最差;印度逆差 2735 亿美元。欧盟逆差 4300 亿美元。即使是顺差德国,也同比下降了 62% 之多。在这种情况下,中国依然逆风飞扬,全年进出口总值 6.31 万亿美元,贸易顺差 8776 亿美元,再创历史新高。

一半是海水,一半是火焰。在国内,我们容易感受到疫情管控造成的局部活力不足;在国外,却能感受到中国工业能力的高歌猛进。

2022 年 9 月以后,中国的外贸形势开始严峻,一些行业数据大跌,冬天说来就来了。因为有几条线索凑在一起。其一,疫情逐渐消退,西方国家活跃起来,横竖看中国不顺眼,主动开启了去中国化的进程,不想买中国货。其二,扩张性的货币政策收敛,老百姓手里的超额储蓄逐渐耗尽,消费能力和意愿严重下滑。其三,持续印钞的经济后果也呈现出来,40 年来最严重的通货膨胀席卷了美国和欧洲,真实生活成本普遍上涨了一到两成。其四,美联储连续加息,导致各国美元回流,一些国家还想购买中国货物,但央行已经无法出资。这些因素共同叠加,中国外贸受到了很大的影响。从内部看,经历三年抗疫,中国老百姓也累了,人心不再整齐,政策执行成本越来越高。病毒进化,拦也拦不住,但杀伤力在下降。经济转型也出现一些困难,地方财政危机若隐若现。

2022 年 11 月以来,因应内外形势的新变化,国家围绕"保健康、防重症",不断优化调整防控措施,较短时间实现了疫情防控平稳转段,2亿多人得到诊治,近80万重症患者得到有效救治,新冠死亡率保持在全球最低水平,取得疫情防控重大决定性胜利,创造了人类文明史上人口大国成功走出疫情大流行的奇迹。

尽管2023年宏观经济的局部低迷,让一些人产生了不安。但低迷是相对于中国自己以前的好状态而言。事实上,全球比较,我们的经济表现仍然亮眼。过去四年,中国GDP增长19.2%,美国7.6%,GDP总量占欧盟85%的欧元区仅增长2.9%。过去四年,中国GDP年均增速(4.5%)是美国(1.8%)的2.5倍,是经合组织(1.4%)的三倍多,是G7(1.0%)的4.5倍,是欧元区(0.7%)的六倍多。过去四年,中国GDP年均增长4.5%,其他金砖国家印度为3.4%,巴西为1.9%,南非为0.1%,俄罗斯为-0.8%。

近一段时间,美西方媒体步调一致地展开了新一轮"唱衰中国"的攻势。美国总统拜登公开宣称中国经济是"一颗滴答作响的定时炸弹"后,《纽约时报》打起了配合,渲染中国经济面临信任危机;《华尔街日报》凑了个热闹,断言"中国40年的繁荣结束了";英国BBC也发了一炮,讨论起中国经济是否会陷入"停滞的十年"。就在西方忙着危言耸听的时候,中国成功举办了第三届"一带一路"国际合作高峰论坛,达成458项成果文件,商定369项务实合作项目,其中涉及东盟国家的项目有近80项,超1/5。

在论坛圆满结束的同日,国家统计局还发布了2023年前三季度国民经济运行情况,我国国内生产总值同比增长5.2%,充分彰显了中国经济的强大韧性。

2023年11月,第五届中国国际进口博览会在上海顺利收官。即便当下全球面对着百年未有之大变局加速演进、世界经济复苏动力不足、新冠肺炎疫情影响犹在、"逆全球化"趋势有所抬头的复杂环境,近一周的高规格展会,依旧火爆,按一年计意向成交金额735.2亿美元,比上届增长 3.9％。这再次印证首届上海进口博览会开幕式上习总书记所讲:"中国经济是一片大海,而不是一个小池塘。""经历了无数次狂风骤雨,大海依旧在那儿!"

第二章 科技发展：从跟随模仿到高水平并行引领

大国竞争正在更多地进入第二个战场，即科技竞争。如果说经济竞争主要比拼财富，科技竞争就是比拼本事。过去所谓列强，主要就是因为他们的本领很强。中华帝国的惨败就是技不如人。当年列强凭借坚船利炮，差点击溃了两千年农耕文明。新中国开始奋发图强，不断追赶，现在找到了感觉，找回了自信。党的十八大以来，以习近平同志为核心的党中央深刻总结我国科技事业发展实践，观察大势，谋划全局，深化改革，全面发力，推动我国科技事业发生历史性变革、取得历史性成就。

2022年中国科技R&D研发费用为3.06万亿元，占全世界超过20%，超过欧盟27国总和。

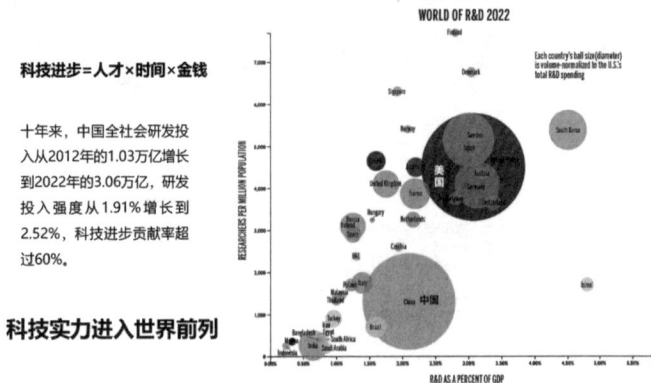

科技进步＝人才×时间×金钱

十年来，中国全社会研发投入从2012年的1.03万亿增长到2022年的3.06万亿，研发投入强度从1.91%增长到2.52%，科技进步贡献率超过60%。

科技实力进入世界前列

对于后发国家来说,要跟上科技战车确实困难重重,任务千头万绪。但如果简约表述,大致有三条线至关重要,即持之以恒的砸钱、砸人和砸时间。过去中国人才储备不足,时间差距巨大,尤其是贫穷限制了发展能力,五毛钱难倒英雄好汉,巧妇难为无米之炊。后来我们有了钱,也不笨,也花了时间,许多事情都在反转。

这张图,是我们在科技赛场上投资的力度。2022 年,中国投入科技研发的钱达到 3.06 万亿人民币,超过了欧盟总和,达到美国的 7 成以上,与经济发展高度匹配。晚近 10 年来,中国不断增加了投入力度,步入了创新国家行列。

只要不违反物理规律,没有哪个技术能挡得住金钱攻势。如果拉长尺度,过去 30 年来,美国稳稳头把交椅,时间×金钱的指数约等于 14600。欧盟时间×金钱约等于 10200。中国单年投资规模已超过欧盟排第二,但历史欠债太多,时间×金钱约等于 4500,考虑到人民币购买力、廉价科研人力和山寨因素,上调至 8000。日本、德国、韩国、法国,依次约等于 5000,3200,1200,1900。英国和俄罗斯基本失去了进取心。

在科技领域,美国本来钱就多,水平还高,更愿意投入,因此长时间独孤求败,并无对手,在云上走。中国以前往事不能回首,但后续进步明显,涨势依旧喜人。从资金投入角度来看,未来 6—7 年内中国就有可能超过美国。如果中国的科技投入竟然比美国还多,大概率要引发诸多积极变化。

如果资金充足,中国终于请得起天下英才来为我所用。过去国家穷,甚至无法留住自家优秀的孩子,清华北大也经常被舆论场调侃是留美预备兵团,我们拱手把最好的孩子送走了。美国轻松收割全球顶级精英,人力资源的上限太高了。将来我们钱多了,孩子们可以留下来报效母亲,其他强国的天才也可以挖过来为我所用，进退之间差距就能快速缩小。如果资金充足，中国当然可以在科技创新方面更大投入。过去很多人嘲笑中国山寨模仿，主要原因是我们过去一直很穷，支付不出，承担不起，只能跟随别人。这就是在低水平发展状态下的成本约束选择。将来，中国一定会为自己和人类创造更多价值，这只是时间问题。

这里穿插讲一个南京大学奋斗的小故事。南京大学在1990年代还表现一般，但当时的校长特别有想法，想把学校推向更高的层次。管理学家建议学校寻找一个标杆，对标找差。经过认真研究，学校找到了一个榜样是香港大学，南京大学与港大师生规模相当，学科发展相似，科研重心相近，非常好的对手。那时候港大非常出色，位居全球前30名以内，当时南大没有上过任何榜单，内部评估应该在600名至800名之间。1997年香港回归后，港大邀请南大前往建立合作关系。校长非常高兴，带着年轻的我们踏上了交流行程。第一天双方开座谈会，交换数据，听完之后我们差点哭了，差距达到了耸人听闻的地步。其他方面不讲，单说经费问题，大学百年树人需要经费的投入。大学的运营资金称为办学投入，包括财政拨款、企业社会捐赠以及科研项目所得。当年港大一年的投入70多亿港币，1港币约等于1.2元人民币，毛估估算80亿。南大的投入则少得可怜，只有4000多万，连人家的利息的利息也够不着。我们跟校长说，我们来错地方了，我们就是老农民的命，回家种田更合适，到这里丢人现眼，实在太可耻了。校长也着急了，他说带你们年轻人出来开开眼界，没想到被吓得心如死灰，这是不对的。他说我一头白发还对未来充满希望。但当时只有校长充满希望，我们心里都哇凉哇凉的。当然，回来以后该做什么还是得做，生活终归要继续。几年后，时任江总书记讲过一句名言，一个人取得多大成就，不仅需要个人奋斗，更离不开历史的进程。国运来了,风口上的猪也会飞。我们就这样跟随国家向前发展。10
年后的 2007 年,我们又去港大故地重游,觉得他们外表光鲜依旧,
但交换数据,就不像 1997 年那么难看了。他们的办学投入下降
到 70 亿港币左右,当时港币约等于一块钱人民币。南大的经费
则艰难突破了 4 个亿,尽管差距仍然巨大,但涨势相当喜人。我
们心想,照这个速度追,一辈子或许还是能追得上。实际上并不
需要等那么久。又过了 10 年 2017 年,我们又去了港大,觉得他
们没有变化,办学投入降到了六十多亿,此时一港币约等于 8 毛
钱人民币,南大则奇迹般的超过了 70 亿。原本以为一生一世永
远都很难的事情,也不过是一代人的光阴,二十年的光景。2022
年清华一年花 300 多亿,早就把港大甩到后头,北大浙大花 200
多亿,也冲了上去。南大收入超过百亿,世界排名也进到了 100
名以内。之所以还没有完全追上,主要是经费投入仍然不够。
港大这样的香港名校,每年投入 50 亿以上,而我们最近几年才
有点钱。今天相比,我们一点也不差,但毕竟底子差、基础薄,所
以还需要一些时间。

这个故事很像是我们国家科技追赶美国的比喻。如今,中国
各种指标都直接对标全球顶级,若未能追上美国,中国人就自惭形
秽,满目伤悲。这其实是不对的。美国当全球带头大哥,当了近
100 多年,中国直到 1980 年代才根本解决温饱问题。不用太着
急,趋势向上就行,我们继续加油。

对于科技竞争而言,跟投入同等重要的是人才。过去,中国的
主要优势是人力资源的规模红利。经过多年持续的努力,国家基
本普及了高中教育,大力发展了高等教育,十几亿人口逐渐积累了
约 8000 万专业技术人才,超过 2 个亿的产业熟练工人,每年培养
出数百万理工科大学毕业生。长江后浪汹涌地压倒了很多前浪。

当然，仅凭规模优势还不足以挑战美国，老美的优势太大了。接下来要与美国竞争，还亟需打造两支重要的巅峰队伍：一流的科学家和厉害的工程师。一流科学家探索极限真理，厉害的工程师改良人间器物。

那么，一流科学家如何进行评估？这里介绍一个指标，称为自然指数。在理工科科学家心目中，职业生涯中有三座大山值得奋斗攀越，也就是被业内称为三大顶级期刊的 CNS，C 指的 CELL，细胞；N 指的 NATURE，自然；S 指的是 SCIENCE，科学，这三大顶级期刊，加上若干分学科期刊，一共有 82 种。这是全球顶级期刊方阵，是一流科学家展示才艺、竞逐才华的核心舞台。科研机构把这些期刊上的论文发表量化打分，这就是自然指数。2023 年 6 月，最新的年度榜单发布，中国第一次超越美国顶上顶峰。

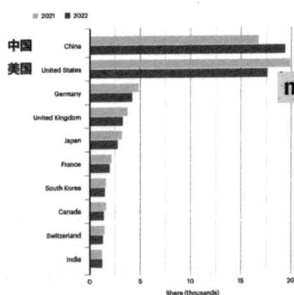

nature index

• 自然指数(Nature Index)是依托于全球82种顶级期刊，统计各国及高校、科研院所在国际上最具影响力的研究型学术期刊上发表论文数量的数据库。

• 2023年6月发布的最新年度榜单中，中国超过美国，第一次登顶。全球前10强高校中，中国7家，美国3家。

https://www.nature.com/nature-index/annual-tables/2023

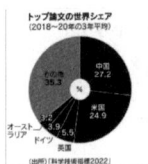

NATURE INDEX | 15 June 2023 中国对自然指数研究的贡献超过美国
Nature Index Annual Tables 2023: China tops natural-science table

科学家的能力

中国在自然科学领域研究论文的三项关键代表性指标（科技论文总数、被引用次数排名前10%高质量论文数、被引用次数排名前1%顶尖论文数），皆超过美国，实现"三冠王"。

在自然指数前 10 强国家中，只有中国顽强超越了自我，其他国家都在向后萎缩。这个榜单历史比较短，始于 2014 年。起步的时候，中美差距很大，随后，中国追赶的势头很猛。美国在长期滑行之后，竟然掉头向下了。凭借科学家队伍的规模优势，中国也拿下了全球科技论文总数、高质量论文数以及顶尖论文数的三冠王。

如果用自然指数来给高校排名，全球前10强格局大变，中国7家，美国3家。排名依次是哈佛大学、中国科学院大学、中国科技大学、南京大学、斯坦福大学、北京大学、清华大学、麻省理工学院、浙江大学、中山大学。

整体上，中国顶级科学家显然跟上了科技时代的进步节奏。南大的这项指标排名还可以，这主要得益于当年校长的远见。校长从港大访问回来后，认识到我们确实太穷，不可能面面俱到追赶，一定要突出重点。校长对南大科学家说，如果你们能在自然、科学这样的顶尖期刊发表论文，学校砸锅卖铁也要一篇论文重奖10万元。当年我们每月的工资仅为不到800元，发表一篇论文就能拿10万元，重赏之下必有英雄。就这样持续不断的拼，中国头部大学进步显著。

中国科学家表现卓越，工程师也展现了能力。按照世界知识产权组织年度报告的权威数据，2021年中国工程师提交的发明专利数量超过美国、欧盟、日本、韩国这四大机构的总和，约占全球专利总数量的一半。中国还贡献了全球年度专利总增长的98%，从增量来看，主要发达国家都已躺平，只有中国工程师狂飙突进。

有人认为，各国专利的门槛不同，可比性不强。更硬核的指标是PCT，即联合国专利合作条约认证登记成功的专利。这个指标，中国也连续4年超过美国登顶。

恍惚之间，我国已成为知识产权增长的动力源泉。国家知识产权局是国务院直属机构，本来为副部级。2023年3月，中共中央、国务院印发了《党和国家机构改革方案》，将国家知识产权局由国家市场监督管理总局管理的国家局调整为国务院直属机构，进阶正部级。

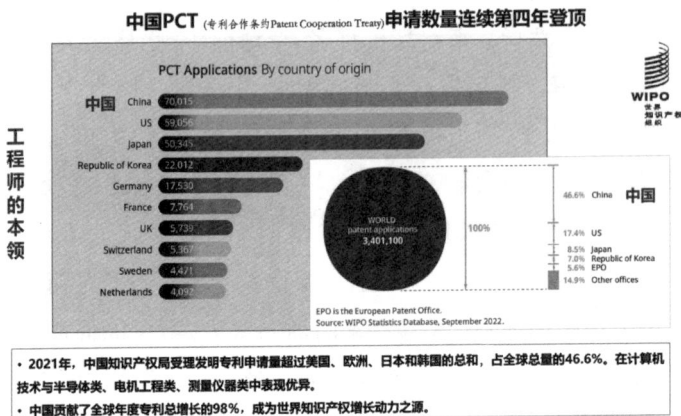

中国PCT(专利合作条约Patent Cooperation Treaty)申请数量连续第四年登顶

- 2021年，中国知识产权局受理发明专利申请量超过美国、欧洲、日本和韩国的总和，占全球总量的46.6%。在计算机技术与半导体类、电机工程类、测量仪器类中表现优异。
- 中国贡献了全球年度专利总增长的98%，成为世界知识产权增长动力之源。

有人说，中国人刷数据确实厉害，但有真本领吗？答案也是显然的。

2022年，习总书记在全国两院院士大会上代表中央表扬了以下这些成绩单。

——基础研究和原始创新取得重要进展。基础研究整体实力显著加强，化学、材料、物理、工程等学科整体水平明显提升。在量子信息、干细胞、脑科学等前沿方向上取得一批重大原创成果。成功组织了一批重大基础研究任务，"嫦娥五号"实现地外天体采样返回，"天问一号"开启火星探测，"怀柔一号"引力波暴高能电磁对应体全天监测器卫星成功发射，"慧眼号"直接测量到迄今宇宙最强磁场，500米口径球面射电望远镜首次发现毫秒脉冲星，新一代"人造太阳"首次放电，"雪龙2"号首航南极，76个光子的量子计算原型机"九章"、62比特可编程超导量子计算原型机"祖冲之号"成功问世。散裂中子源等一批具有国际一流水平的重大科技基础设施通过验收。

现在科研人员都普遍知晓，能在中国获得国家自然科学一等奖、国家科技进步一等奖、国家科技发明一等奖,基本上都是全球顶级成果。有人说,那为何还没有拿到诺贝尔科学奖呢?其实,诺贝尔科学奖类似终身成就奖,需要较长的时间(20—40 年)来见证科学家成就对人类的贡献。中国以前不太厉害,所以极少获奖。中国现在开始厉害了,但还需要一段时间才能拿奖。这个指标有滞后性。中国人很聪明,若干年后中国科学家一定会拿回很多诺奖。

——战略高技术领域取得新跨越。在深海、深空、深地、深蓝等领域积极抢占科技制高点。"海斗一号"完成万米海试,"奋斗者"号成功坐底,北斗卫星导航系统全面开通,中国空间站天和核心舱成功发射,"长征五号"遥三运载火箭成功发射,世界最强流深地核天体物理加速器成功出束,"神威·太湖之光"超级计算机首次实现千万核心并行第一性原理计算模拟,"墨子号"实现无中继千公里级量子密钥分发。"天鲲号"首次试航成功。"国和一号"和"华龙一号"三代核电技术取得新突破。

老百姓印象深刻的应该是太空探索。我们的探测器去往火星,踏上月球,2030 年载人登月工程有条不紊在推进,天宫空间站已经壮美成型。2023 年 6 月,神州 16 飞船上去了,10 月神州 17 号飞船又上去了,天宫里长期驻留着 6 名中国航天员。其中有一位航天员引发了舆论的特别关切。那是 36 岁的桂海潮,他是北京航空航天大学的教授,戴眼镜的知识分子,尤其是出身贫寒,云南保山大山走出来的小镇做题家。一路刷上了天,大家表示,这是时代动人的逆袭故事。

——高端产业取得新突破。C919 大飞机准备运营,时速 600公里高速磁浮试验样车成功试跑,最大直径盾构机顺利始发。北京大兴国际机场正式投运,港珠澳大桥开通营运。智能制造取得长足进步，人工智能、数字经济蓬勃发展，图像识别、语音识别走在全球前列，5G 移动通信技术率先实现规模化应用。新能源汽车加快发展。消费级无人机占据一半以上的全球市场。甲醇制烯烃技术持续创新带动了我国煤制烯烃产业快速发展。

——国防科技创新取得重大成就。国防科技有力支撑重大武器装备研制发展，首艘国产航母下水，第五代战机歼 20 正式服役。东风－17 弹道导弹研制成功，我国在高超音速武器方面走在前列。

中国的高端产业和国防科技创新也各自取得了突破和成就。面对这种情况，美国人心态复杂。过去，他们真心瞧不上中国的这些进展，但如今他们偶尔酸溜溜，不时嫉妒恨。美国人表示，中国的钱还可以不在乎，但本事必须要关注。中美贸易战越来越虚，中美科技战不断做实。

贸易战启动之后不久，美国开始对中国科技事业实施多重打击。特朗普时代是著名的三板斧。其一，拉黑。美国商务部和国防部各有一份重要敏感企业清单，一旦拉入黑名单，企业在全球做生意都很难。到目前为止，已有超过 1300 家中国科技企业先后被拉黑。其二，对学术交流直接打击。过去，许多中国科学家在美国获得博士学位，与美国学界和科研单位建立了深厚的感情和合作基础。然而，现在美国人大面积斩断了这些联系，尤其是警告在美国的华人华裔科学家，不可以在高科技领域接中国的任务。其三，对留学生加大审查力度。过去每年几十万中国年轻人到美国读书，为美国贡献巨大的教育服务顺差，美国大学很喜欢中国学生。但白宫提醒美国高校，如果到美国来学习政治历史文化还是受欢迎的，学习高科技必须审查。尤其是"国防七子"，即北京航空航天大学、北京理工大学、哈尔滨工业大学、哈尔滨工程大学、西北工业大学、南京航空航天大学、南京理工大学这 7 所高校,被美国政府认为是中国国防工业的重要人才培养基地,这些学校的学生很难获得签证。

之后,美国政府又继续加大力度,出台了"小院高墙"的围堵政策。美国认为,对美国高科技产业构成重大冲击的华为公司是巨大威胁,不仅直接挑战了苹果公司在智能手机领域的霸主地位,还凭借 5G 和芯片等领先技术,危害了美国国家安全。在抓捕了华为创始人任正非的女儿孟晚舟之后,美国还对华为采取了斩首战,从 2020 年 9 月 15 日起,美国商务部规定,所有公司在没有美国政府许可的情况下,都不可以把先进制程的芯片卖给华为。任正非一度感慨,他本来以为美国是图钱的,没想到是来要命。重压之下,华为只好退回去生产自救。

2021 年 12 月,哈佛大学贝尔福科学与国际事务研究中心就中美"技术大比拼"发表了研究报告:中国已取得如此巨大的飞越,现在它已成为一个全方位的竞争对手。在 21 世纪的每一项基础技术领域——人工智能、半导体、5G、量子信息科学、生物技术及绿色能源——中国可能很快就会成为全球领导者。在某些领域,它已然是世界第一。当然,中国人明白,差距仍然明显。但美国智库的赞歌显然另有所图,可能主要是诉求国会加大拨款力度。

2022 年 8 月 9 日,美国总统拜登签署《2022 年芯片与科学法案》(CHIPS and Science ACT)使之正式生效。该法案授权白宫在今后 10 年使用一笔总额达 2800 亿美元的额外预算,侧重国内制造、研究和国家安全,为在美国制造芯片的公司提供 520 亿美元补贴和税收抵免,以及授权 2000 亿美元用于新的制造计划和科学研究,以加强与中国竞争。《华盛顿邮报》评论称"开启了产业政策新纪元"。

过去，中国的一些著名经济学家天真的相信，美国笃信自由市场经济，绝不会推行带有强烈行政意图的产业政策，给所谓的自发秩序拉偏架。其实，过去很少这样做，主要是因为竞争对手实力一般，不值得出大牌。如今的中国，不同于以往的任何对手，如果能赢，美国已经不择手段，压根没有教科书的执念。

2023 年 2 月 18 日，中央政治局委员、外办主任王毅在德国慕尼黑安全会议发言指出，美国出台《芯片与科学法案》，动用国家力量打压中国企业，这是百分之百的单边主义和自私自利，百分之百地违反世贸组织规则，严重干扰国际产业链供应链稳定。美国已经站在了自己倡导的自由贸易的对立面，这真是历史的讽刺。中国古人有言，"君子爱财，取之有道"。小人才会巧取豪夺。今天的美国却撕下一切伪装，连巧取都不屑做了，只剩下明火执仗地豪夺。

幸运的是，即便美国使出了浑身解数，也没能挡住中国继续前进的步伐。2023 年 8 月下旬，令中国人欢欣鼓舞的事件是华为王者归来。当时，美国商务部长雷蒙多访问中国，华为闪电推出了最新款 MATE60 PRO 系列手机的商业营销活动，获得风暴般的热烈欢迎。在美国的打压行动中，雷蒙多是重要操盘者之一，华为的行动主题鲜明，传达的信息十分明确，国家需要用一场胜利来告诉他们，制裁是没有用的，制裁的结果是促进了中国高科技的发展。华为至少在两个节点突围，一是将先进制程芯片制造推进到了 7 纳米，尽管距离台积电的最新技术还有 3 年左右的差距，但已经度过了最难的那一关。二是在 5G 领域实现了去美国化。华为作为全球顶级的 5G 通讯公司，甚至不能使用自己研发的 5G 芯片，这听起来像个笑话，主要是其中涉及大量美国专利，美国梗阻，就没办法。现在已经突围成功。此外，华为还带来了卫星通话技术，挑战马斯克的星链；还有星闪技术，未来将整合 WIFI 和蓝牙。更令人欣喜的是，华为将正式进军汽车产业，在智能座舱和车机系统方面大展拳脚，汽车业革命性的变化将在几年内发生。

党中央强调，科技创新成为国际战略博弈的主要战场，围绕科技制高点的竞争空前激烈。我们必须保持强烈的忧患意识，做好充分的思想准备和工作准备。丢掉幻想，准备斗争。这几年，习总书记反复强调关键核心技术买不来，借不到，科技的命脉必须牢牢掌握在自己的手中。

经过讨论，中央认为还需要在两个方面加大力度。一个是切实加强基础研究。过去我们对技术应用的环节都很在意，关注极大，但对底层科学不够热心，有些领域尚不知其所以然，经常被美国釜底抽薪，打个措手不及，亟需补课打通关。另一个是举国体制的优势未能充分发挥出来。中国体制的最大特点之一就是能够集中力量办大事。1960 年代，中国的外交形势非常险恶，毛泽东主席说，我们一定要有原子弹和核武器才能在国际舞台上有话语权。那时候中国的研发条件实在太弱，党中央决定成立一个专门机构，以周恩来总理为首的中共中央 15 人专门委员会和调整扩大后的中共中央专门委员会（简称"中央专委"）来领导主导推进，最终成功突破了"两弹一星"，取得了国防尖端科技领域的巨大成就，是新中国发展史上具有里程碑意义的惊动世界的创举。"两弹一星"是"大科学""巨型工程"，技术复杂、综合性强，涉及的范围广、部门多。而各部门、各系统之间又需要紧密联系，协调行动，因而强有力的领导、指挥工作非常重要。现在，新时代的中央专委已经应运而生。2023 年机构改革的最大亮点之一就是组建了中央科技委员会，重组了科技部。过去科技部规模很大，但焦点不够集中，拳头挥不出来。改革以后可以轻装上阵，锚定最关键的地方，全力冲锋。

第三章　国防跨越：装备升级军改见效
　　　　　为和平护航

　　随着经济竞争、科技竞争的白热化趋势，军事国防领域的风险也在加大。西方政治人物例如基辛格博士就警告，人类已站在危险的第三次世界大战边缘。严格来说，非传统安全的"战争"更是早就打响。中华民族农耕出身，真心热爱和平，西方强国大都海盗出身，劫掠模式起家，输不起就喜欢动刀兵。美国立国240多年，只有16年没打过仗。我们可以善良，但不能太天真，还得枕戈待旦，磨刀霍霍，应对不测风云。

　　按照美国智库的算法，2022财年美国的广义国防达到8770亿美元，比全球军费支出第2名到第11名加总之和还多。中国支出规模第2名，但量入为出，非常克制，大约为2300多亿美元。2023财年，美国仍在剧烈增加国防预算，中国经人大审议批准的国防预算案也增加了7.2%，创近年的新高。

　　尽管中国投入的军费不多，但干的活真不少。我们工业链条完整，人工便宜，花小钱也办成了很多大事。中华武功远胜从前。

　　1980年5月，中美建交不久，美军邀请人民解放军前往参观，展示自己的实力。代表团带队的是时任国务院副总理、中央军委秘书长耿飚，陪同访问的还有时任解放军副总参谋长刘华清。这次访问让我们的高级将领近距离看到了中美之间军事领域的巨大差距。中国代表团登上了美国海军 CV-61"突击者"号航空母舰。刘华清在其回忆录中称，"上舰后，其规模气势和现代作战能力，给我留下了极深的印象。"1982 年，刘华清将军就任海军司令员。他向中央建议：中国海洋国土广阔，但海军只有中小型舰艇和岸基航空兵，一旦海上有事，只能望洋兴叹。一定要发展航母，才能很好地解决这些问题！1986 年，刘华清继续呼吁：航母总是要造的，到了 2000 年，航母也得造。不看到中国航母的下水，我死不瞑目。刘将军可能想不到，现在我们已经有了三艘航母。2010—2022 年，中国适应正规海战需求的先进驱护舰建造数量，是美英加澳新五眼联盟＋日本的两倍多。2005—2022 年，中国海军舰艇增加 135 艘，同期美国海军只增加了 2 艘。

按照国防部对外界的公开说法，过去五年来，人民军队在关键军事领域取得重大进展，在各兵种列装了许多全球顶级的装备。例如：

陆军：15 式新型轻型坦克、远程箱式火箭炮、直-20 直升机列装部队；

海军：002 航母山东舰、075 两栖攻击舰、055 万吨驱逐舰下水入役、003 电磁弹射航母福建舰即将海试、054B 升级成功；

空军：歼 20 飞机、歼-16 飞机、歼-10C 飞机代次搭配、舰载四代机亮相；

火箭军：东风-17 导弹、东风-26 导弹等批量装备，具备对陆上重要目标和海上大中型舰船的精确打击能力。

2023 年 6 月 29 日，换装国产涡扇 WS-15 发动机的歼 20 完全体试飞，成为全球最强五代隐形战机。

事实上，中国的武器研发已经走入了自由王国。军迷们开始热烈地期盼轰 20 战略轰炸机、076 两栖攻击舰、新一代战略核潜艇早日现身。

当然，人类的军事竞争才刚刚拉开新时代的序幕。根据军事专家的预测，未来战争形态将发生巨大变化。大国之间继续竞争的是隐形巡航导弹、无人机大型编队、高超音速滑翔、中段反导、反卫星等。在这些更前卫的领域，俄罗斯明显掉队，跟不上节奏。中国则贴身紧逼美国，部分领域甚至反转领先。人类战争史上，从未有过这么多军事科技垄断在两三个甚至是一个国家手中，因为先进军事科技的研究需要投入的各种资源，金钱和人力已经远远不再是小国能够承受得了。

军事科技涉及人类竞争的根本，就是生存问题，欧洲争霸、一战、二战和冷战是人类科技进步最快的时期，没有生存压力，谁愿意投入那么多资源去研究。欧洲自大航海以来形成一个正反馈，更先进的军备，更多的海上贸易，更多的国家税收，更先进的军备，不是所谓的"自由"的灵魂。

科技的核心，就是军事科技。军事科技的核心，就是包括但不限于资金、人才、时间等要素的大量持续投入。只要投入的要素足够多，强度足够大，积累时间足够长，必然能出结果。发展科技的根本是投入，而不是开放。否则，如何解释中国军事科技这些年来的飞速进步，以及部分领域反超美国？按照某些精美的看法，中国"远远不够开放"，所以科技不如美国。倘若如此，中国军工科技就不应该反超美国。可现实是，高超音速导弹，电磁炮，电磁弹射等高科技，就是领先美国。这只能说明一个问题，"开放"或者所谓的"自由"，即使重要也不是核心要素。核心要素就是持续高强度投入。鉴于这个投入非常巨大，所以只有最有实力、最强大的少部分国家才承担得起。所以，本质还是国力，而不是开放这种虚无缥缈的东西。有些人把所有问题都归结为文化和制度原因，因为他们其他也不懂。

要打赢未来战争，除了军备，非常关键的更是军队和军人。在改革开放的一段时间里，我们的部队也历经曲折。晚近十年来，党中央提出改革强军战略，领导开展新中国成立以来最为广泛、最为深刻的国防和军队改革，人民军队体制一新、结构一新、格局一新、面貌一新。国防实力和经济实力同步提升，一体化国家战略体系和能力加快构建。

"许多时候胜利要通过斗争获得，谁也不会送给我们。"习近平主席率领人民军队，坚持战略上防御与战役战斗上进攻的统一，展示了空前的历史主动和历史自觉。谋篇布局、用中塑局、一体控局，10年来，人民军队军事力量运用，掀开了里程碑式的崭新一页——

划设东海防空识别区、积极推进南海岛礁建设、成立驻吉布提保障基地……全局统筹、分区负责、相互策应、互为一体的战略部署和军事布势加紧构建。

常态化警巡东海、战巡南海、绕岛巡航，开展边境斗争……塑造态势、管控危机，兵力运用趋于常态化、多样化。

亚丁湾护航、国际维和、跨国救援、全球航行、参加国际军事比赛……中国军事力量前所未有地走出去。

党的二十大以后，习总书记带领新的军委领导集体视察了解放军联合作战指挥中心。他说，当前，世界百年未有之大变局加速演进，我国安全形势不稳定性不确定性增大，军事斗争任务艰巨繁重。全军要贯彻新时代党的强军思想，贯彻新时代军事战略方针，坚持战斗力这个唯一的根本的标准，全部精力向打仗聚焦，全部工作向打仗用劲，加快提高打赢能力，坚决捍卫国家主权、安全、发展利益，完成好党和人民赋予的各项任务。

2023年5月30日，二十届中央国家安全委员会第一次会议召开。会议对国家安全形势作了最新判断：当前我们所面临的国家安全问题的复杂程度、艰巨程度明显加大。要坚持底线思维和极限思维，准备经受风高浪急甚至惊涛骇浪的重大考验。以新安全格局保障新发展格局。加快建设国家安全风险监测预警体系。过去战争风险极低，国家可以一心一意谋发展，今后要统筹发展和安全，用总体国家安全观，应对复杂变局。人民军队肩负的责任更大。

现在我国是世界上唯一的社会主义大国，国际共产主义运动又处于低潮，社会主义制度能否在中国坚持得住，对人类社会的发展进程影响极大。既然正确处理战争与和平的关系，直接关系到社会主义制度的生死存亡。那么，在实际工作中正确把握战争和和平的问题对我国当前以及今后相当长一段时期内都有相当重要的意义。

和平和发展究竟是不是未来的世界主流？一个国家对于未来的判断，极大的影响国家走势。过去40年，我们一直这么认为，和平和发展是主流。那些时候，我们没有被世界的聚光灯盯着看，也容易躲在一边。但是现在怎么办？现在理论界争论很多。有的认为，和平与发展依旧是当今世界的两大主流，有的认为，当前的主要问题是压制我们的西方欺人太甚。美国现在的衰落是大家公认的，重新崛起的契机不足，而且内因也不足。唯一的敌人就只有我们。如果2030年之前东亚没有战争，那固然好，但是如果有呢？

现在是不确定的时代。西方列强对我们的兵棋演练非常频繁，不能说不是威胁。如果只讲战争，把国家的资源空耗在无限制的战备之中，从而给国家经济建设造成巨大的损失。如果只讲经济,就会失去防止敌人偷袭的先机,很容易被打得措手不及。在没有确切的战争时,要以经济建设为中心,但必须留足余量。经济发展了,综合国力提高了,国防建设才有先进的科学技术和雄厚的经济基础,国防力量包括武器装备才可能逐步强大和得到改善。敌人才不敢轻易对我言武,也才可能为经济建设创造和维护一个相对和平态势的国际环境。

在没有发生举国迎敌的情况下,我们不要过于担心,应该把主要的注意力放在扩张国际市场和获取资源基础上。因为大国之间的战争告诉我们,只有雄厚的物质资料基础,才能打赢。靠汇率、靠服务是打不赢的。在这个情况下,我们必须转变过去的经济方式,将土地这种最重要的资产回归到国家手中,让我们在战争时期有足够的资源回旋空间。

就极限思维而言,究竟要做哪些准备? 基本上就是四条:手里有粮食、家里有能源、国家有就业、企业有科技。我国拥有960万平方公里的国土、19.18亿亩耕地,2022年粮食产量13657亿斤,原煤产量41.3亿吨,原油产量1.98亿吨。这构成了初级产品的基本家底。

2002年以来,我国初级产品进口占总进口的比重处于上升趋势,此后虽然有所回落,但自2016年开始再度攀升。截至2022年12月,我国进口初级产品占总进口的比重为36.3%,已经连续6个月在36%以上。同时,我国初级产品贸易逆差为746.4亿美元,处于历史高位;2021年8月更是一度达到创历史的794.3亿美元。粮食方面,水稻、小麦两大口粮自给率超过100%,玉米超过90%。谷物基本自给、口粮绝对安全。然而我国大豆自给率约15%,食用植物油自给率约33%,特别是玉米进口量已连续三年突破进口配额。

能源方面，水电、风电、太阳能发电和生物质发电装机规模均持续保持世界第一；全国原煤产量 41.3 亿吨，原油产量 1.99 亿吨都还不错。但是石油对外依存度还有 72.2％（比巅峰的 76％下滑了），天然气对外依存度升至 46％。

矿产方面，镍矿、钴矿、铜矿对外依存度均超过 90％，铁矿石对外依存度超过 80％，而稀土和铅矿对外依存度则较低，约 20％。一旦海上线路被切断，国内的制造业很容易出现很大问题。

水资源是另外一个隐形但是很重要的问题。全国划定的生态保护红线面积合计约 319 万平方公里，这里面相当一部分是为了涵养水资源。意味着 14 亿人绝大多数在剩下的 600 多万平方公里生活，这个压力过大。

要解决问题的根本在于强硬。强硬的态度，才能让美国不敢动手，或者选择一个妥协的方式。美国人露怯的根本在于从阿富汗撤军，这是类似越南的事件。正如美国在越南的失败使得美国在几十年里不可能派遣大量的美国士兵进入战争，并从那以后迫使五角大楼采取只允许有限战争的战略。美国人的撤军使得其他国家有喘息空间，能够对原有的结构进行调整。对我们国家而言，重点就是调整和规划资本，在实业领域例如在手机、汽车市场发动进攻，这些会很大的缓解内部矛盾。让我们理顺内部的关系，尤其是分配关系提供了一些基础。为什么我们要强硬？因为只有强硬的工业方面的进攻，才能赢得其他初级产品国家的信任，它们才能给我们足够的支撑，我们的工业体系才不至于断裂。如有一个国家敢于断供，那么对我们来说就是危险的，因为其他国家必然会一个接着一个仿效。所以我们不能让他们做到这一点。

我们现在攻坚的力量就在于这些本土的工业派，跟之前我们作为工业生产地不同，他们是切实能换回来利益的工业组织。因此它们的崛起是我们支持的。如果他们能站起来,那么我们就可以带动国内的资本持续走出去。

日本人的分析认为,全球 70 亿人中有钱购买 10 万—15 万人民币车的就只有 20 亿人。这个市场支撑了美国、日本、韩国、德国、法国这些国家,甚至养活了半个罗马尼亚、意大利。那为什么不能养活我们? 如果我们利用基础设施投入,再新增 5 亿人左右的人口进入到这个收入区间,那么养活我们就绰绰有余。这也是我们现在的战略方向。

同时,我们内部,开启第二轮(2008 年是第一轮)农村建设,(要知道日本从 1945 年开启了 7 轮建设),这一次开启建设,再促使一波资本回去,这样我们国内再提升 3—4 亿人的收入。总体算起来,我们内外部,就有差不多 10 亿人能提升收入,进而提升消费能力。这个活虽然苦,而且就我们国家这么干,但还是有益的。

我们还是应该坚持一个观点,不是所有南方国家都会跟着我们走。但是 130 个南方国家里面,有那么 20 个能跟着我们走,就是很大的成功。也会极大的切断资本主义发展所依赖的廉价劳动力和资金来源,这对于我们减轻压力也有很大的好处。

为什么我们的经济刺激并不猛烈,是因为最危险的时候远没有到来。世界正面临着同一二战和大萧条时期相同的经济危机,冷战后的世界秩序正在崩溃。我们想努力维护雅尔塔体系,但是美国人不想,不想那就不要玩了。过去 40 年,准确的说,是我们过去 40 年,在全球化的世界里基本上拿到了技术自由化、科技自由化的红利。

然而,现在不行了,技术的传播将会斩断。我们传授给第三世界的技术,受制于语言问题(英语和法语这些国家的祖上通过殖民，稳固了这些技术），让我们的市场教育、技术教育的再教育成本很高。而且我们能否获得最先进的技术，或者我们自己研制出来最先进的技术，有待努力。这种情况下，美国资本会对我们保持相当远的距离，进而重新逼迫世界进入到计划经济体制。历史证明，在世界寻找新方向的时候，战争常常是最靠前的一个选择。

在这种情况下，我们可能要扮演 1929 年美国红色商人的角色，也就是大规模向海外输出产能和技术，这些技术不一定是系统的，也不一定是最高的，但一定是我们需要解决就业的问题。

在这种情况下，我们跟非洲、东南亚、南美的关系会拉近，但这个拉近的时间空间非常有限，应该在 5—7 年左右，随后，还是可能会面临战争的问题。但没必要担心，军备的准备比想象的要快。

经济不能独立于政治。我们的重心放在解决内部问题上。

西方的核心思想是，把我们踢出全球经济体系。无论是俄国还是我们。既然是这样，那原有附着在西方体系上的经济体系是要进行"大动"的。当前，我们的所有体系在名义上是融合国际大市场，本质上就是融入西方市场。

20 世纪 80 年代以来，西方的生产力要素结构及其交易系统都是建立在由整个发展中国家提供的原材料和初级产品的基础上，并通过与发展中国家产品之间的价格剪刀差来获得高额利润的。

现在美西方国家将发展中国家中最大的原材料、能源、粮食生产国俄罗斯和最大的民生产品生产国中国或明或暗地排除于这个系统之外，接下来这个系统庞大的"货币交易量"就成了纸与纸的交易。由于物质产品日益稀缺，用增发货币的方式给人造成消费力增加的虚幻印象，这就是美西方近来出现通胀和加息的背后原因。虽然说，美国人为了这个目的，在通过新疆法案、制造业法案，要求所有的制造业尽快撤离到东南亚和墨西哥这些容易控制的地方,但是又面临一个新的问题,那就是这些国家实质上已经被美国人剥削的差不多了,兜里没有几个子。而且中国人在产业进步上的速度超过想象,这反过来,也挤压的美国人的钱袋子。因为过去美国人对我们的高技术顺差,本质就是在剥削我们。我们现在都用国产的,自然不会让你剥削了。现在这个世界上的资源大国就那么几个,数得出来的都是很有反叛精神的国家。而制造业大国除了我们,几乎就没有其他国家了。如果在东北亚开启冷战,那么日本和韩国,这两个美国人刻意保留的制造业从属国,也暴露在第一线。战争的开启也就是回归到 1950 年让这些国家去工业化的阶段。

辩证运用底线思维和极限思维,既要保持清醒敏锐,也要坚定信心勇气。一方面,做任何事,都坚持以风险意识、危机意识把什么是底线、底线在哪里、突破底线的最大危害是什么、如何有效规避不可预期的风险等问题想清楚,甚至是把事情想得更复杂些、更艰巨些,把问题和困难、风险和挑战设想到最糟糕的地步,从而做好充分准备;同时,根据事物发展的规律和趋势,对可能发生的各种风险、将要面对的各种挑战提前预判、主动作为,防止事态向更糟糕的方向发展。另一方面,始终保持信心、鼓足勇气,即使遇到了超出预期的、看起来好像完全不可能的极端情况,也要从容应对,做到泰山压顶不弯腰、越是艰险越向前、咬紧牙关顶得住、往前冲;同时,坚持不给自己设框、设限,敢于在险境、绝境中打破常规、另辟蹊径,敢于干前人没有干过的事情,敢于走别人没有走过的路,不断创造条件、把握机会,争取柳暗花明、绝处逢生。

第四章 综合国力：全方位进步造就
东方文明大国

中长期看，大国竞争压轴的变量是综合国力。除了以上详细列举的经济、科技、军事国防指标之外，综合国力还使用更多更复杂的指标体系。我们主要讨论以下这张图：

综合国力进入世界前列

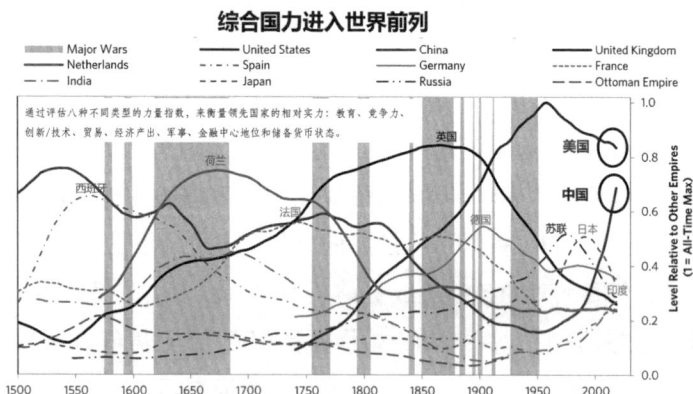

这张图的计算方法相当复杂，通过评估八种不同类型的力量指数，来衡量领先国家的相对实力：教育、竞争力、创新/技术、贸易、经济产出、军事、金融中心地位和储备货币状态。具体指标我们不展开，直接陈述关键结论。横坐标是大航海时代以来的 500 多年，每一条线代表了 500 多年间的主要工业国家，每条线的起伏，代表着这些国家综合国力指数在时间上的演化走势。可以看出来，大多数国家都国运坎坷，历经波折。我们聚焦主要矛盾，只看两条线：天蓝色的美国和深红色的中国。

美国立国时间短，但国运昌隆，且走势无敌，一起步就巨大拉伸，中间抓住各种机会连蹦带跳，在二战结束以后达到了人类文明有史以来的极限峰顶，没有国家曾达到过那样的高度。今天的美国也不能望其项背。中国在过去相当长的时期曾长期领先，后来遭受列强工业文明降维打击，较长时间生不如死。新中国发愤图强，如今，中国强势崛起，美国相对下行，全球实力东升西降。这就是百年未有之大变局的关键一幕。这个变局仍在剧烈演化中。

如果要更深地理解它，我们可以将时间轴往回拉，回到 1949 年新中国出发的时刻，当时中美两国的国力差距就是 4 个字：天上地下。美国在天上，中国在地下。那时的美国要用"如日中天"这样的词来形容。例如，当时美国的 GDP 大约占全球 50%，号称一国超过所有外国，现在一般是 1/4 左右。当时美国的工业能力超过全球 60%，如今萎缩到 15% 左右。当时美国的黄金储备更是超过全球 70%，现在美元储备占百分之四十几。所谓天下归心，四海英雄无敌。当时的新中国恰好相反，我们站在近代历史一百多年屈辱的末端，站在十多年战争的废墟之上，一无所有，一穷二白。更令人惊讶的，不是差距如此之大，而是在差距如此巨大的情况下，我们党不仅没有低下头弯下腰，反而对长期胜利怀抱巨大雄心。

1949 年 3 月，中共七届二中全会在西柏坡召开。毛泽东主席说，这是要进京赶考了。他面向未来发出了最强音：我们不但善于破坏一个旧世界，我们还将善于建设一个新世界。中国人民不但可以不要向帝国主义者讨乞也能活下去，而且还将活得比帝国主义国家要好些。后来，毛主席还预言，赶超的时间大概是 70—

100 年。

如今，几代中国人看到了超过西方的更清晰时间表和希望。在党的长期规划中，时间大概还要 30 年。我们应该庆幸，赶上了国运的陡峭上升期。很多时代都很平庸，有些时代甚至异常悲剧。我们生逢其时，参与了这个恢弘的历史进程。

在这个过程中，我们国家还付出了百倍的诚意，解决了一些千难万难的问题。例如，在迎来中国共产党成立一百周年的重要时刻，我国脱贫攻坚战取得了全面胜利，现行标准下 9899 万农村贫困人口全部脱贫，832 个贫困县全部摘帽，12.8 万个贫困村全部出列，区域性整体贫困得到解决，完成了消除绝对贫困的艰巨任务，创造了又一个彪炳史册的人间奇迹！

脱贫攻坚的全面胜利，并非指中国不再有穷人，而是把统计口径内最穷的人们带出了命运的谷底。用世界银行的概念来说，如果一个农民一年的纯收入低于 2300 元，在全球范围内都算绝对穷人。2010 年，中国用这把尺子测量，还有大约一亿人生活在这条线以下。党立下誓言，要彻底解决这个问题。历经 10 多年的艰辛努力，我们成功了。我们不仅将绝对贫困线的指标拉到了年收入 4000 块左右，还要对农民做到"两不愁三保障"。"两不愁"就是稳定实现农村贫困人口不愁吃、不愁穿；"三保障"就是保障其义务教育、基本医疗和住房安全，这是农村贫困人口脱贫的基本要求和核心指标。解决这些事情之后，最穷的阶层都过上了相当人道的生活。假设这些事是西方强国干的，他们能给自己发 100 个诺贝尔和平奖。可惜是中国干的，他们就各种拧巴，还在道德上泼污水。

在这个过程中，我们还把整个国家的人均预期寿命拉到了相当的高度。老百姓可能不关心很多宏大命题，但必定关心个体的寿命。

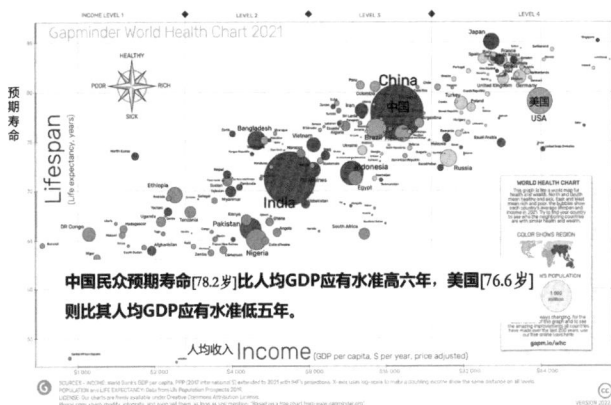

以上这张图,直观呈现了全球人均预期寿命的比较值。纵坐标表示预期寿命的高低,横坐标表示收入的多寡,圈的大小代表人口规模,圈的位置则是当下寿命和收入的算术对应值。

中美两国的比较结论简单粗暴,中国民众的预期寿命比人均GDP 水平高出 6 年,美国则低了 5 年。美国人均收入超过了 6 万美元,全球最高级别。在人均收入超过 4 万美元的高收入组国家中,人均预期寿命达到 82 岁,美国的人均预期寿命为 76.6 岁,花费了世界上最多的公共和私人卫生投入,美国的这项指标却严重偏低。中国人均为 12000 多美元,全球这个收入组别平均预期寿命 72 岁,中国却达到了 78.2 岁,大赚了至少 6 年,仅花费了很少的钱。从投入产出比来看,中国人的健康性价比很高。

人均预期寿命不仅是衡量一个社会生活质量的重要指标,也体现了一个社会的保障水平和公平程度。人均预期寿命的提高,意味着人们能够在更好的环境中生活,享受更高的生活质量。人均预期寿命的提高离不开社会保障体系的支持。一个健全的社会保障体系能够为人们提供更好的医疗、养老等保障,从而延长人们的寿命。人均预期寿命的提高与经济发展密切相关。经济的持续发展能够为社会保障体系提供更多的资金支持,推动医疗、教育等公共服务的提升,从而进一步提高人均预期寿命。同时,人均预期寿命的提高也意味着劳动力市场的更加稳定,为经济发展提供更强的动力。人均预期寿命的提高可以体现出社会公平的改善,可以让更多人享受到社会发展的成果,促进社会公平的实现。

在这个过程中,党还带领人民改天换地,缔造了无敌的基建奇迹。美国人称中国为"基建狂魔",这个绰号我们接受了。文明进步主要体现为人的流动、物的流动、钱(经济利益)的流动、信息(知识)的流动,在更大规模、更快速度、更全面自由的交换和更低成本上实现。中国已经不计成本编织了这几张大网。大多数中国人可能还没有完全意识到,无论是铁公机等老基建,还是云网端等新基建,中国的基础设施都已经是全球最大、最新、最普惠、技术难度最高、成本窗口最优的,给未来争胜提供了最大保障。

我们来列举几个关键数字。例如,中国高铁里程已经占到全球总里程的68%,偌大国家浩瀚人口以前来来往往很不方便,如今八横八纵路网初成,东部地区朝发夕至,核心板块半天往返。高速公路密织成网,物流效率天下无敌。城市轨道交通日新月异,全球轨道通车里程前10名城市,中国已经占了9个;港口运营能力无敌,全球吞吐量前10的港口码头,中国运营了8个。农耕民族还率先走入数字文明,4G和5G基站全球一骑绝尘,网络支付和电子商务遥遥领先,这些都带来了巨大的空间地理革命和时间效率革命。

最近很多人讨论中国地方债务问题。虽然地方债务规模确实庞大,但大量债务对应的其实是天量基建资产,将长久造福子孙后代。西方国家也积累了巨大的债务,但债务大多用于收买选票,吃光花光,债务结构完全不同。今天大多数国家既没有能力也没有条件大规模更新基础设施,中国抓住了最好的窗口,这些钱大多花得值得。西方国家爽在当下,死后哪怕洪水滔天;中国政治家有长远担当,始终持久经营,不怕延迟满足。

以上,我们用大的时空维度搭建了一个大国竞争的核心逻辑框架。这里面涉及的关键数据,可以长期跟踪。通过观察这些数据的变化,我们就能对国家的整体表现有一个正确的认知。

在以上的大逻辑结构中,有两项能力对未来至关重要,一个是强大工业能力,一个是无敌基建能力。还有一个本章未及论述的国家组织动员能力。工业能力、基建能力、组织能力,这是中华民族之三宝。我们要拿着它们与美国竞争,美国拥有三件神器:美元、美军和美式科技。今后50年,人类文明的巅峰对决将在这样的尺度中展开,我们将亲眼这壮美的过程,并看到不错的结果。

在西方文明强势领先两三百年来,第一次出现这样一个东方大国,不是以掠夺者、支配者或文明优越者的思维与态度来面对欠发达国家;具备同时在上百个国家兴建电厂、超高压输电网、通信光纤网络、铁路、地铁、高速公路、海港的超级基础设施建设能力,也不去发动战争,竭力破坏;能为全世界中低收入群体全方位供应价廉物美的工业产品,搭建电子商务平台;能以官方开发融资机构以及国有企业作为推动经济合作与发展援助的主体,不事事要求知识产权的保障与回报,也不以资本回报极大化为唯一考虑;它理解各国国情、不灌输意识形态,不强迫买武器、不搞政变。中华文明肯定是西方文明眼中的另类,但正在成为人类文明的新正统和主流。这是人类文明新形态。

当然,有些人可能也接受不了这么热情的讴歌和表扬。这里面其实讨论的是一种大历史观念。当年读大学时遇到了一位历史学大家,他曾经用几句话描述了他的历史观,老人家说,黄河东流入海,壮美至极。回头一看,九曲十八弯,艰辛曲折至极。再舀一碗黄河水,都是泥沙和浑浊。那壮美的、曲折的、细节不堪的黄河,都是我们的母亲河,滋润着文明和历史。一个伟大时代并不能消减全部细节上的悲伤,反之,细节的悲伤已不足以抹杀时代的伟大,重要的是身处其中的个体如何调整心态。最重要的可能是要两颗心:信心和耐心。用信心召唤动力,用耐心去直面和解决问题。年年难过年年过,事事难成事竟成。只要思想不滑坡,办法总比困难多。

在学校里,我们经常面对年轻人,流行的看法是年轻人对时代乐观,但对自己悲观。时代的快步向前,还没有妥当的安顿年轻人。但仔细想想,每一代人都有不容易的青春。我们需要一个积极阳光的心态。

中　篇

美欧下行:百年变局仍在加速演化

我们接着来讨论全球变局。事实上,中国是 500 年来第一个完全依赖内部累积而兴起的主要经济体。美国这类殖民霸主不但依靠种族灭绝和对外搜刮崛起,几百年的历史基本就是在不断改进搜括的隐蔽性(美宣)和效率(美元),这种隐蔽而高效的搜刮就是当前"基于规则的全球秩序"的真谛。

二战胜利后,美国通过建立一系列世界性组织,构建了一个全球市场体系,并始终牢牢把握着这个全球市场的规则制定权、市场准入权和制裁清除权,并承担保护这一全球市场的主要军事和经济成本,也收获了巨大的霸权红利。这是美国秩序或战后秩序的核心。

新中国成立叶,还没办法融入这套秩序。当时全球冷战,东西铁幕深深。一边是美国、欧洲等资本主义阵营,一边是苏联和中国等社会主义国家,大家激烈对抗。在毛泽东时代,中国始终在对抗这个不平等秩序。那时候,尽管中国人贫穷,但革命斗志高昂;虽然革命斗志高昂,毕竟国力有限,最终没能战胜,还依然贫穷。

1978 年底,党中央做出了改革开放的决策。1979 年 1 月 1

日,中美正式建立外交关系,中国选择不再对抗而是加入美式全球秩序。随着中美建交,全球形势快速步入和平发展长周期。1990年代,苏联解体,冷战结束,美国更是达到了"一超多强"的唯一超级大国格局。在这一轮美国主导的全球化进程中,中国选边站队正确,获得了改革开放的先期红利。1999 年,中国加入 WTO,浩荡的全球化大浪潮启动。当时的美国精英洋洋自得,宣称世界历史终结,西方意识形态不战而胜。

在随后二十多年全球化的美好时光中,人类逐渐形成了两套主要的合作机制,其一是中美合作加固,其二是俄欧友谊加深。中国巨大的工业产能,与美国西方的市场需求和美元的资金支持相互借力,中美关系一度步入蜜月。俄罗斯的廉价能源资源与欧洲一体化进程加速直接融合,双方互动十分和谐。时至今日,这两套机制都摇摇欲坠,逆全球化的潜流涌动。

在这大历史的背后,是力量格局发生了深刻的演变。

第五章　美国病痛:霸权体系的削弱与
中美竞争

　　美国霸权集团掌控世界的势力圈层就像洋葱一样,洋葱的核心是美国自己;外一层是另外四个盎格鲁撒克逊国家,即英国、加拿大、澳大利亚和新西兰;再往外是欧洲的一些白人国家,主要是欧盟成员;最外围是东亚的三个国家和地区,即日本、韩国和台湾当局。这个分圈层的霸权集团合计约十亿人口,通称"黄金十亿"。美国掌控这"黄金十亿"四个圈层的方式,有政治上的,也有财经上的;有美国直接下场的,也有通过如国际刑事法庭和国际货币基金会等间接操控的。其霸权运作有两个核心组织,一个是北大西洋公约组织,侧重于军事战略;另一个是七国集团(G7),侧重于外交和经济。G7 中除美国本身,英国、加拿大属于美国霸权集团的第二圈层,法国、德国、意大利是欧盟成员国,属于第三圈层;日本属于第四圈层。

　　美国的世界霸权得以建立和维持,主要依靠三根支柱。分别是:占据世界历史空前绝后碾压性优势的美国海军。曾经占据世界一半的工农业生产能力、极其强大的货物、服务产出和科技创新能力以及控制自身及全球消费市场。基于前两者,自身偿债信誉度极高的财政能力,使得美元占据支付、储备世界货币地位。其中,军事硬实力用于保障最终议价权,产业科技+金融资本则用于收割全球资源。

除了这三条硬腿，美国还有一条软腿——意识形态和文化霸权。这条腿的强大与否，主要取决于那三条硬腿的表现。当国力强悍时，世人容易仰慕其思想文化，并被其价值观深深吸引。反之，软实力将快速瓦解。这三条硬腿虽然仍然很厉害，但都各自暴露了弊端，或者存在相当隐忧，使得美国霸权遭到削弱。

第一条硬腿美军。美军在人们的观念里还是无敌。毕竟在过去很多年前，美军的先进技术领先其他国家20年，黑暗科技领先三四十年，且在海湾战争这样的大战中，显露过现代战争的非凡实力。但现在中国军备技术进步神速，几乎没有代差，工业产能和国防动员能力更是远超美国，美军的优势已被严重削弱。其次，美军养尊处优，很多年也没打过像样的硬仗了。由于没有敌手，内部腐化日趋严重，军工复合体这样的利益集团不断壮大。美国的军部和工部勾互相勾兑，国防部高官卸任，往往去军火企业任职高管；军火企业的高管，也经常派往国防部任职高官，大家共同的兴趣就是为军火企业拉订单。当美军主要不是为美国利益打仗，而经常考虑军火商的生意，这样的美军是否真的能打，要加几个问号。再次，美国的国防开支不断攀升，已经成为美国财政的巨大负担。国家打仗也得计算成本收益，当军费开支过大时，战争也变得极其昂贵。例如，美国在阿富汗战争上的开销高达2.3万亿美元，这对国家来说完全得不偿失。对真有油水的大国真不敢打，敢打的小国真没有战争收益。

第二条硬腿美国科技。美国科技的领先地位相当长时间不可撼动，但支撑创新能力的长期基础却在改变。中国取而代之成为最大工业国家和货物贸易国家，正在成为一个强大的消费强国。随着美国产业的空心化，以及社会效率的下降，美国创新能力多年来都有停顿的态势。2023 年,美国科技界欢欣鼓舞,感觉朝气重来。一是由 Open AI 公司开发的智能生成式对话聊天机器人CHATGPT,确实达到了相当高的水平,二是马斯克的星舰SPACEX 看到了成功的希望,有可能将航空技术拉到新高度。这两个新生事物展示了美国依然拥有科技的厚重基础和可能喷涌的实力潜力,但即便在这两个领域,中国的差距也并不那么大。后续的发展变化,还需要时间来验证。

第三条硬腿美元,这才是美国的最大霸权。在 1970 年代布雷顿森林体系解体后,美元宣布与黄金脱钩,而后与石油等大宗商品强势挂钩,奠定了全球最硬通货的江湖地位。全球的大多数货币都是纸,只有美元敢叫金。以至于美联储负责人曾经明言:美元是我们的钱,却是你们的问题。全世界都想要美元,但只有美国能提供和创造美元,美国就是天下财富的主人,就是钱的出处。

美元霸权经济秩序

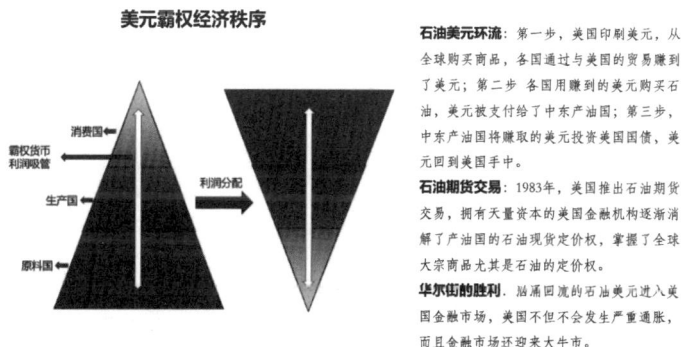

消费国
霸权货币
利润吸管
生产国
原料国

利润分配

石油美元环流:第一步,美国印刷美元,从全球购买商品,各国通过与美国的贸易赚到了美元;第二步 各国用赚到的美元购买石油,美元被支付给了中东产油国;第三步,中东产油国将赚取的美元投资美国国债,美元回到美国手中。

石油期货交易:1983年,美国推出石油期货交易,拥有天量资本的美国金融机构逐渐消解了产油国的石油现货定价权,掌握了全球大宗商品尤其是石油的定价权。

华尔街的胜利:脂涌回流的石油美元进入美国金融市场,美国不但不会发生严重通胀,而且金融市场还迎来大牛市。

美联储作为全球央行拥有了巨大的铸币税红利。理论上,只有美国可以无锚印钞,全世界为美元的巨量发行和通货膨胀买单。过去很长时间,美国人在这个方面都非常嚣张,几乎无成本印刷的美元大钞,可以横扫各国的等价劳动产品。美元还创造出潮汐式的降息、升息机制,天晴放伞,天雨收伞,轻松撸走各国的羊毛。

这个霸权吸血机制的运作模式大致如下:

石油美元环流:第一步,美国印刷美元,从全球购买商品,各国通过与美国的贸易赚到了美元;第二步 各国用赚到的美元购买石油,美元被支付给了中东产油国;第三步,中东产油国将赚取的美元投资美国国债,美元回到美国手中。

石油期货交易:1983 年,美国推出石油期货交易,拥有天量资本的美国金融机构逐渐消解了产油国的石油现货定价权,掌握了全球大宗商品尤其是石油的定价权。

华尔街的胜利:汹涌回流的石油美元进入美国金融市场,美国不但不会发生严重通胀,而且金融市场还迎来大牛市。

过去中国通过全球贸易挣到的很多顺差,相当部分都购买了美国国债,回流到美国形成循环。后来中国启动"一带一路"倡议,大量美元投入相关的基建和工业项目,这个循环就中断了。

眼下美元更大的麻烦当然是美债的狂飙。美国的货币发行机制,可以简化表为美国财政部发债,美联储印钞。当美国政府需要用钱时,财政部就打个借条,美联储就把钱印出来。因此,美国国债的飙升,就是美元过度发行的明证。美国政府背负了一座国债的大山。

过去,美国国会两党就国债上限有一个约定,最近的约定是31.4 万亿美元。2023 年 2 月,美国国债规模触及上限,之后财政部就只能采取非常措施运作资金来避免违约。财政部表示,最多维持到 6 月,如果届时国会还不能达成新的债务上限,理论上就可能出现国债违约,触发美国国家信用降级等严重后果。经过激烈争论,国会终于达成一致,暂停债务上限至 2025 年 1 月 1 日。随

- 截止2023年11月4日，美国国债规模达到 **33.70万亿美元**。未来四个月，美国财政部还要发行8500亿美元国债。

- 自2022年初以来，美联储已十一次加息以应对高通胀，如今联邦基金利率的目标区间设定在5.25%至5.5%之间，达到2001年以来最高水平。这导致联邦政府借贷成本大幅增加。机构预测，2023财年利息支出将达到1.18万亿美元。

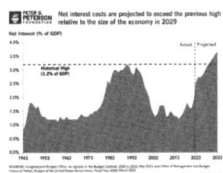

后极短时间里，美国国债又大幅度扩张。

　　截至 2023 年 10 月 10 日，美国国债规模已达到 33.52 万亿美元。未来四个月，美国财政部还要发行 8500 亿美元国债。过去美国政府借钱利率极低，本金借新还旧周转即可，利息支出成本可控。自 2022 年初以来，美联储已十一次加息以应对高通胀，如今联邦基金利率的目标区间设定在 5.25％至 5.5％之间，达到 2001年以来最高水平。这导致联邦政府借贷成本大幅增加。研究机构预测，2023 财年利息支出将达到 1.18 万亿美元。2024 年美国政府还本付息的压力空前巨大。今后，国债利息长期成为联邦财政的最大支出项目。

　　2023 年 10 月以来，市场对美国长期国债的焦虑明显加大。自见顶以来，长期国债的跌幅比 2008 年美股见顶后的跌幅还惨。这是四十年来美债最惨烈的熊市。一级交易商必须自己买下25％的份额，只能卖 2 年期内的短债了。一旦债务多到美国只能赖账的地步，信用货币就崩溃了。这将是全球拭目以待的灰犀牛。

　　过去美国在世界上耀武扬威，最关键的是美元与美军，大棒和胡萝卜,恩威并重,杀无敌。现在军队太贵,政府变穷,导致控制秩序和带队伍的能力严重下降。2022年拜登访问欧洲,欧洲媒体表示拜登仅带了奖状,根本没有奖金。此前特朗普访问日韩,连奖状都没有,直接开口索要保护费。

暴力加息还引发了银行业的困局。2023年3月,硅谷银行宣布破产,美国监管机构又以"系统性风险"为由关闭了签名银行。多个地区性银行的股价一路暴跌。硅谷银行主要为风投初创企业提供服务,是美国第18大银行,资产规模近2100亿美元。签名银行排名全美银行第29位,拥有约1104亿美元资产。2023年5月,总资产2329亿美元,排名第14大的美国第一共和银行被FDIC接管,这是美国历史上规模第二大的破产银行。

2023年,美国倒闭的三家银行资产总和超过了2008年危机时倒闭的银行资产总和。而且,当前的银行危机还没有结束,多家区域性银行还在暴跌。美国的4800家银行,几乎有一半已经耗尽了资本缓冲。

截至2023年4月,在这次银行业危机中,对冲基金通过做空银行股赚取了超过70亿美元的利润,为2008年金融危机以来最大的收益。美国的金融巨鳄不仅敢于吸食盟友的血液,情况严重时也不吝惜上演大鱼吃小鱼的戏码。中小银行的很多储户和投资商血本无归,但帝国的资本怪兽却变得愈加庞大。在资本主义内部形态中,最终壮大的可能是贪婪血腥的头部资本。

金融风险之外,长期影响美国内政走向的仍然是资本主义的天生弊端,即愈演愈烈的贫富分化。这张图展现了美国不同阶层收入的分化,其中深蓝色的线表示90%的大众,另一条红线是0.1%的富豪。横坐标是时间轴,曲线的变化展示两个阶层的财富在全美国财富中所占的比例。可以看到,从二战结束到1990年代初,美国主力阶层占比上升,顶豪占比下降,这是美国社会的好时光。在图的中间部分,美国走成了一个标准橄榄型结构,教科书级别的中产阶级宏伟,底层穷人和头部富人都收敛。但随后的 30 年间,美国又重新变成了一个鱼嘴型,主力阶层迅速下行,顶豪无节制上升。如今,美国的贫富分化已经到了一战和二战前的水平。资本主义最终回到那个层面,富人上天堂,穷人入地狱。

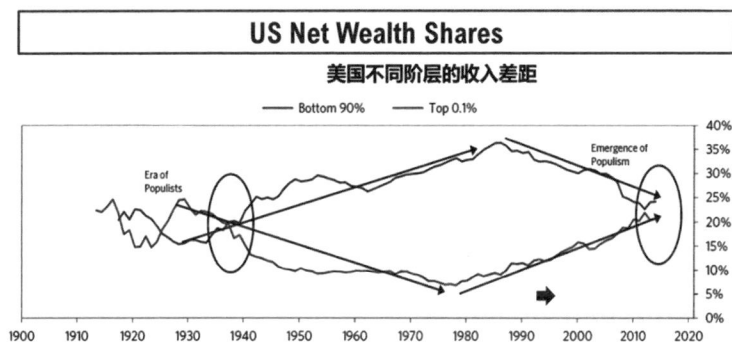

US Net Wealth Shares
美国不同阶层的收入差距

— Bottom 90%　　— Top 0.1%

Source: A Template for Understanding Big Debt Crises by Ray Dalio

　　为什么当年美国会形成较好的社会结构?经济学家有两层解释。第一种解释是,二战后美国强大的中产阶级橄榄模型,恰好耦合了汽车航空家电领域的产业革命,各行各业普遍受益。但后来 ICT 信息产业革命后,美国的繁荣就只局限在美西硅谷、美东华尔街为代表的科教金融地区,传统工业群体已无力参与,中部地区沦为铁锈区域,橄榄型就不复存在。在金融资本主导的繁荣周期中,真正获益全球化红利大头的是顶级财团、军工复合体和政客等,贫富差距巨大已经让越来越多美国人感觉到自己被剥夺了。

　　第二种解释是,美国中产的繁荣得益于全球冷战。资本主义为了向社会主义证明优越性,精心塑造了中产阶级优雅生活这一展示橱窗。社会主义的民众在这种资本主义体面生活面前，几乎没有抵抗力。然而，冷战结束后，社会主义阵营崩塌，资本主义就不再需要维护橱窗，资本家又显示了贪婪逐利的本性，四处强势进击，将中产阶级打回原形。今天的美国，是富豪精英的自由天堂，对穷人而言，则是美国梦的破碎。

回顾二战后美国成为世界领袖的过程，必须承认，称霸初期的美国确实在一定程度上扮演了"救世主"角色。它不仅在二战中把大部分欧洲从法西斯的苦难中解救出来，在太平洋战争中给予日本军国主义以毁灭性打击，有力援助了中苏两国的反法西斯侵略战争。在战后还推出了马歇尔计划，又是出资支持欧洲重建，又是给日韩各种订单，帮助这些国家从二战的废墟上恢复过来，重新成为地球版图上的发达国家。

抛开历史矛盾，在战后百废待兴的时候，跟着美国混确实能得到好处。那个时候的美国差不多可以称得上是其他国家的"财神爷"。在美国引领下，大家彼此互利共赢，经济都实现了高速增长，包括中国。这种好日子一直持续到 1980 年代末（对中国而言，由此得到的经济好处甚至延续到了本世纪的第一个十年）。那个时代，全球财富都在增长，大概是有史以来西方各国普通民众和中产阶级最幸福的时候。

1991 年后，随着苏联倒台，美国成为地球村村霸，其对自身的道德要求迅速降低。延至今日，凭借美元霸权地位，美国不断收割世界财富，美国的国债余额一度翻了 10 倍，工资占 GDP 的比重也下降到 40％ 左右，中产阶级的日子越来越难。对美国的盟友来说，美国这些年的付出越来越少，美国市场不仅不能再为西方经济增长提供有力支撑，反而美国政府和美联储一再通过不对等地位对各国实施敲诈勒索，更进一步拉大了西方其他国家与美国的经济差距。

相对于中国这几十年的经济崛起,美国确实"衰落"了;但是,就整体经济份额而言,美国占全球经济的比例一直相当稳定。而且,在西方世界内部,美国经济地位不仅没有下降,反而比之前更具主导地位。

1990 年,美国 GDP 占 G7 的 40％,2022 年占到 58％。在人均收入方面,按购买力调整后,1990 年美国人均收入分别比西欧和日本高 24％和 17％,2022 年则分别高了约 30％和 54％。如今美国最贫穷的密西西比州的收入也已经超过 5 万美元,比法国还要高,俄克拉何马州的卡车司机比葡萄牙医生挣得都多。这说明,西方世界财富从 1990 年以来一直在向美国集中(还有一个集中方向是中国),在美国经济表现稳健、中国经济崛起的同时,西欧和日本等西方国家,却承受了财富跨国移动带来的大部分痛苦。现在人们常说中国是"发达国家粉碎机"相比,其实相比之下,美国才是真正的"发达国家粉碎机"。

美国不仅在军事上粉碎了德国、政治上粉碎了苏联,粉碎了大英帝国的霸权,还部分粉碎了日本的经济能力。即便从 1990 年以来中美两国的财富增量看,美国从全球经济增长中瓜分到的金额,也比中国更多。

回到美元霸权这个层面,美式资本主义事实上经历了两个阶段:产业资本主义和金融资本主义。产业资本主义时期,国家的话事人是铁路大王、石油大王、钢铁大王等,社会充满劳动创造的热情。后来,金融寡头登顶,在他们眼中,关注的只有两个目标:赚最多的钱和用最快的速度赚钱,即极限利润和极限效率。一切实体经济和劳动形态都很低级无趣,钱生钱的游戏才是食物链的顶端,炒股票印钞票为核心的金融衍生交易,才是国运的巅峰。华尔街创造了 30 万顶级金融人员,硅谷吸纳了 200 万顶级码农。这些稀缺的职位被全球精英参与竞逐,普通美国人在这里都失去了机会和希望。

华尔街势力鼎盛的时候,美国主动采取了脱实入虚的策略,将大量产业转移到欧洲、日本、韩国和台湾地区。但如今全球地缘形势剧烈变化,很多事情美国已经无法掌控,美国精英意识到国家需要再工业化,但摧毁容易,重建太难。

未来,当 AI 人工智能进化到 AGI 通用人工智能以后,激进分子甚至认为大部分民众都将成为耗材,对社会进步失去意义。美式资本主义可能还会走上更癫狂的危险之路,底层民众将陷入更大的悲伤和沉沦。

面对这样的分化,美国人的价值观和政策取向出现了很大矛盾,随后产生的是对美国民主体制的重大冲击。民主选举要能有效运行,有一个隐含前提,就是民众的三观要基本一致,大家只是评估执政团队和施政方案是否符合自己的利益。但如果选民的三观激烈冲突,选举就变成了拉仇恨,横竖看对方不顺眼。过去美国人引以为傲的是作为标杆的大选,就这样在 2020 年遭受了重创。当年顶着新冠疫情压力举行的选举,出现了人心的撕裂。7300 多万人投票支持了拜登和民主党,7100 万人支持了特朗普和共和党,虽然差距很小,但选票结果出来,理当愿赌服输。但特朗普竟然不能接受,他坚信民主党在选举过程中作弊,并声称自己掌握了充分证据。但从联邦到各州的司法系统,都没有接受这些指控,官司竟然打不下去。或许,美国的司法精英更懂政治,更理解这些指控对美国立国体制和全球形象的巨大威胁。如果美国大选出现了普遍作弊,美国这位带头大哥丢不起这张脸。或者说,此事如果坐实,将对美国高举的民主大旗造成毁灭性伤害。总统先生寻求司法正义无门，应该自觉走人了吧？也还没有，总统煽动粉丝攻占了国会山。后来拜登上任后，宣布此举是美国叛乱。然而，特朗普并未罢休，他宣布将参加 2024 年的大选，民主党政府使用了很多法律手段试图将其治罪。但特朗普的坚定支持者愈发认定，这是政治迫害。如果特朗普真的卷土重来，美国内政还将陷入更大的党争。

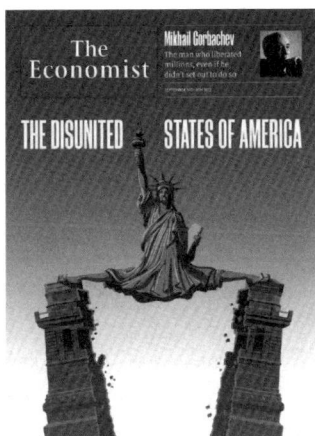

美利坚，分众国

2022年9月出版的《经济学人》杂志指出，如今，美国各州成了两极分化的培养皿。美国的政策正在分裂，特别是在有关堕胎权、非法移民和枪支管理问题上，各州逐渐沦为两大集团，这将对联邦体制造成深远影响。随着党派之争激化，全美多州都在各自为政制定政策，甚至为了政治对立推行相反的政策。在政客们选举利益的催化下，一些州开始盛行极端主义和政治对抗，名义上的"合众国"，俨然沦为了"分众国"。

American policy is splitting, state by state, into two blocs

2022 年 9 月份，英国《经济学人》杂志封面用劈腿的自由女神像来讽刺老大哥。文中写道：美国各州成了两极分化的培养皿。美国的政策正在分裂，特别是在有关堕胎权、非法移民和枪支管理问题上，各州逐渐沦为两大集团，这将对联邦体制造成深远影响。随着党派之争激化，全美多州都在各自为政制定政策，甚至为了政治对立推行相反的政策。在政客们选举利益的催化下，一些州开始盛行极端主义和政治对抗，名义上的"合众国"，俨然沦为了"分众国"。

有人说，美国其实是一个伪装成国家的超级大公司，它没有统一意志，也没有坚定灵魂，由董事会、监事会、股东大会和各路资本力量聚合在一起。有钱还能团结，一旦不能赚钱，终究会土崩瓦解。

资本主义的基本矛盾说得很清楚：生产资料资本主义私人占有和生产社会化之间的矛盾。资本主义私人所无偿占有的，便是剩余劳动价值。而剩余劳动价值的一部分则会转化为资本，进行更大规模的剥削，以寻求更大的剩余劳动价值和进行再下一轮更大规模剥削所需要的资本。在如今的国际资本主义框架中，美国是最大的资本主义私人者，美元是把握物质价值（不是使用价值）的利器。美国和他的西方"盟友"（目前更像是马仔）凭借其科技和军事霸权，通过核动力印钞机、对大宗商品的定价权和高科技产品来源源不断地从全球剥削剩余价值。当然实际情况要复杂得多，美国也在吸血欧洲日本，而美欧日合伙吸血亚非拉，而对中国目前吸不动或者能吸的非常少了。

在目前科学技术停滞的情况下，资本主义体系无法创造新的价值了，这时候怎么办？这时候最强大的资本主义私人占有者，美国通过各种战争促使其滥发的美钞得到兑现。这次俄乌和巴以冲突就是非常鲜明的一个例子。美国通过这两次冲突来收割欧日韩的金融和高科技制造业，以及通过各种其他的危机来促进亚非拉各种资源等等具有价值的物质回流美国，进而满足美国资本家的饕餮盛宴。

有人很好奇，为什么资本主义无法创造新的价值增长点了？生产力的持续进步必然伴随着更庞大和更强有力的社会组织，而使得这种社会组织能够形成的因素，与资本主义私人占有者的意愿是相违背的。资本主义私人占有者必然千方百计地阻止这种社会组织的发生，于是对底层搞族群分化或者快乐教育，或者让底层飞叶子抽阿片，确保他们阻止不起来，从而保证在存量不变的条件下属于自己的蛋糕。这是在存量社会下财富兼并者所采取的一种短视自私的措施。

所幸，经历血与火洗礼的中国，依靠唯物主义思想与优秀中华传统文化的完美契合，依托 14 亿人口的庞大市场，正不断创造新的价值。生在今天的中国，是我们最幸福的事情。

当下美国政治与社会极化达到前所未有的高度，种族、阶级、党派间的鸿沟深不见底。以前美国公民用自己的购买力（税负负担）来限制权力，这是三权分立的根本力量之一。但是现在，财阀豪族直接利用美国全球霸主的位置拼命举债，反过来"赎买"公民手里的选票。整个关系完全颠倒，让美国普通民众越来越陷入无力。

美国内部矛盾越是严重，就越是需要向外塑造敌人。美国精英认为，最厉害的敌人就是中国。当然，由于冷战造成的长期惯性，美国的军事情报部门仍然对俄罗斯怀着敌意，百万漕工身心所系，尽管国家意识已经明确，但政策行动却不容易转弯。

长期以来，美国的表现是内病外治，内乱外斗。美国问题的根源在于，内政大多误解，只好极度依赖对外输出资本，对外攫取资源与人力，长期靠对外转嫁矛盾来解决自身发展与稳定的一切问题。过去转移矛盾的基本形式是战争，或者金融霸权。如果其军事/金融实力受到重大冲击，危及的就不单是掌控的外部秩序，也将直接冲击其内部稳态结构的维持。

我们可以用"两面人"这个不严格的比喻来说说美国。美国对内对外的人设迥然不同。对外的表现是霸道总裁，用帝国主义价值观行事，唯我独尊，号令天下。对内的表现是软弱男人，接受自由主义价值观，容忍分权制衡和低效运作。对于普通民众来说，这无疑是最好的人设，对外嚣张，对内柔软，对外啥都能干，对内啥都干不成。对于美国统治精英而言,他们却担心霸道总裁支撑不起来,就彻底变成了软弱男人。失去老大地位,绝不意味着顺序降为世界老二,而是意味着美国今天所可掌控的世界资源大规模流失。失去美国第一,就意味着美国失去一切。这是美国统治集团、美国资本、美国精英阶层无论如何不能容忍的。基于这样的认知,美国将中美矛盾由次要矛盾上升为主要矛盾的时代正在到来。

中国人不太理解美国的这种思维。中国是内倾的文明,总是认为自己哪里做得不好不对,就积极认真解决,从不嫁祸或者抱怨外部环境。我们认为谋求自身发展,并不触及美国根本利益。但美国认为,中国表现卓越,就是挡了美国的财路,影响了美国的风头。中国进步巨大,就是挑战美国带头大哥的地位。中美之间的纷争,明显带有文化冲突的意味。

近年来,基于这样的认知和考虑,美国对中国各种挑衅找茬,中美关系步入了困难时期。

现在回头看,贸易战似乎可以看成中美关系进入离婚诉讼阶段。2019 年 5 月,《华尔街日报》的标题是:这个婚姻可以保存吗?中美融合难题。美国提出要离婚,中国起初不想离。确实,找到这样一个生意伙伴并不容易,他们财大气粗,胃口大,商业诚信度高。中国以诚恳的姿态跟美国谈感情、谈利益、谈历史和未来。但是美国的态度相当蛮横,各种手段频出,直接施压,完全不讲道理。在那个阶段,我们有理有利有节的适度还击,并不想伤及中美关系的根本。

2021 年 3 月,中美两国在阿拉斯加举行高层战略对话,适值贸易战阶段性合谈和新冠疫情初始爆发的重要时刻,美国外交官像以往一样傲慢地对待中国,现场出现了"外交场上罕见的公开交锋"。面对美国官员不讲外交礼节,不行待客之道,时任中央外办

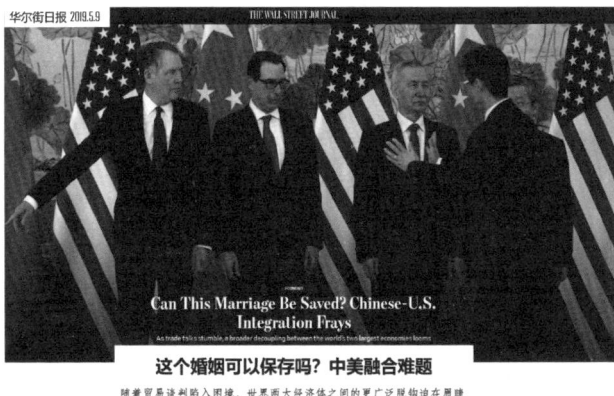

这个婚姻可以保存吗？中美融合难题

随着贸易谈判陷入困境，世界两大经济体之间的更广泛脱钩迫在眉睫

主任杨洁篪和外交部长王毅背靠中国人民的发言，掷地有声、字字铿锵，直击美方痛点。杨主任说："你们没有资格在中国的面前说，你们从实力的地位出发，同中国谈话。""中国人不吃这一套！"杨主任还第一次旗帜鲜明地对美国主导的意识形态、国际秩序与规则做了全面否定："世界上绝大部分国家并不承认美国的价值就是国际价值，不承认美国说的就是国际舆论，不承认少数国家制定的规则就是国际规则。"杨主任表示，过去我们把你们想得太好了。可能从那时起，中国开始大幅度修正对美国的战略认知。

美国有个绰号叫"山巅之国"。当年欧洲清教徒受不了宗教迫害搭乘五月花号货轮前往北美，他们想在新大陆建立山巅之城。后来，美国就自诩是山巅之国，即位于山顶上的国家，他们认为自己距离上帝最近，率先聆听了上帝的旨意，并把它转化为对人间的治理。不服就干，干到你服气为止。这是他们的立国理想。美国骨子里的傲慢，既是因为他们国力强，还认为他们自以为代表天道，是人类的灯塔，要替天行道。

中国也不是等闲之国，毕竟拥有几千年的悠久文明，源远流长。中国也有个绰号叫"中央之国"。中者,即中央。中国之中,意为天下之中。中央之国,统摄八荒。这样的国名涵义,也是建立在深刻的世界观之上的,并体现了先民们在面对广袤的天下时,如何去实现自我定位上(不仅是地缘时空上,同时也是地缘政治上)的理解。后来遭遇了西方列强的冲击由盛转衰,但由奋发图强,卷土重来。我们历经沧桑,对世事的理解更加深刻,对人性的把握更加深邃。

相对古老中华文明,美国的历史还没有走完一个古代王朝的兴衰轮替。美国顺风顺水,没有被社会毒打,没有被命运教育,是个愣头青富家子弟。我们这样的千年文明,有足够厚重的积累跟美国讲道理。四海之内皆兄弟,国不分大小,一律平等,合作共赢,大家好才是真的好。我们用中央之国的王道,去跟山巅之国的霸道竞争。

2021年12月20日,中国外交部原副部长、前驻美国大使崔天凯在国际形势与中国外交研讨会上表示:中美关系目前所处的历史阶段还会延续相当长时间。美国不会心甘情愿地接受一个社会制度、意识形态、文化传统乃至种族都很不相同的大国崛起。美国对华政策里面,其实有很强的种族主义的因素。美国势必会千方百计、不遗余力地,甚至没有底线地对华打压、遏制、分化、围剿。对此,中国要有清醒的头脑,充分的准备,应对好中美关系今后的曲折、动荡,甚至是坐过山车的场景。同时,既然斗争的目的是为了维护人民利益和战略全局,那么在斗争过程中就应该尽一切可能减少涉及利益和全局的代价和影响。原则上不打无准备之仗,不打无把握之仗,不打赌气仗,不打消耗战。人民的每一点利益都来之不易,我们绝不能让任何人掠夺,也绝不能因为我们自己的大意、懈怠和无能使之遭受损失。

这段话应该代表了中央对美国的顶层认知和价值取向。尤其是后半段话，体现了人民史观的高度。总体来说，中美关系仍是斗而不破。你打你的，我打我的，核心利益坚决斗争，其他利益可以讨论。

在新冠疫情加深了美国内乱的背景下，在中美贸易战始终不能占到便宜的艰难处境中，美国又打出了惊险的牌，触及红线，挑战中国核心利益。2022 年 8 月，美国三号人物国会众议院议长佩洛西串访台湾。中方反复跟美国清楚明白的指出，台湾问题是中美关系底线的底线，是中国核心利益的核心。但美国政客仍嚣张表示，要捅中国的心窝子才开心。访问落地，中美关系鲜血淋漓。

2022 年 10 月 12 日，美国白宫发布新版《国家安全战略》，这是拜登政府首份正式 NSS 文件，它集中体现了美国政府对国家安全的综合认知，并直接反映总统观点。此版 NSS 重申了美国对当前国际形势的认知：世界正处在一个重要的转折点，2020 年代是具有决定性的关键十年。大国之间正在开展一场决定未来走向的竞争。报告指出，中国是美国最大的地缘政治竞争对手，只有中国同时具备在全球范围挑战美国领导地位的意愿与能力。中国的挑战将会长期存在。

这份法定文件的重要性和稳定性，比总统的任何个人观点和态度都更高阶，属于美国政府的长期战略立场。在这份文件中，中国已被清楚定义为一个全方位的对手，美国的对华政治氛围变得更加激进。

2023 年 2 月，美国国防部通报侦测到一艘飞行物自阿拉斯加侵入美国和加拿大领空，美方怀疑气球为搜集情报所用高空"间谍气球"。中方表示，气球是用于气象等科研目的的民用无人飞艇，因受西风影响偏航误入领空。有关"流浪气球"还是"间谍飞艇"的争论不断升级,在五角大楼继续渲染其军事威胁后,美国舆论鼎沸,政客群情激愤,最终拜登总统下令,用最先进的F22战机将期击落。中方指责美方击毁气球为"过度反应",严重违反国际惯例。

该事件后续的真相是,2023年6月,美国国防部表示,该高空气球在飞越美国期间没有收集情报。在2023年9月17日CBS新闻星期日早晨播出的一次采访中,参谋长联席会议主席马克·米利告诉记者戴维·马田,热气球没有进行间谍活动,而且美国情报界高置信度评估认为,热气球没有收集和传输情报。

"气球事件"给中美关系蒙上了巨大的阴影。此后,3月围绕TikTok的美国国会听证会,再次生动展示了美国政客的歇斯底里。只要是与中国沾边的议题,美国政界已经养成了一种偏执心理的范式。这种"有毒"的氛围又被美国主流媒体呼应并加以渲染。

2023年上半年,美国应用商店下载量最大的app,第一名是上线七个月的拼多多跨境电商平台Temu,第二名是海外版剪映CapCut,第三名是TikTok,第四名是跨境快时尚零售商希音Shein,第五名是Facebook。尤其是TikTok,就是抖音的海外版,在美国具有极大的影响力。据统计,大约有超过1亿的美国人在使用TikTok,在美国的短视频市场中占据了重要地位,在美国的年轻人中非常流行。它不仅是一种娱乐方式,还是一种社交和表达方式,其传播内容也影响着年轻人的价值观和行为方式。这引起了美国政府的高度警惕。

尽管TikTok跟中国母公司字节跳动没有任何股权架构的直接关系,其运营也完全符合美国监管原则,完全接受美国对数据管理的相关要求,但因为母公司的血统,仍被美国视为有罪。美国给

TikTok 两个选择，关门，或者卖给美国公司。在国会听证会上，发言的参议员们几乎不懂信息技术，只有绝对的意识形态攻击立场，让美国人都觉得他们的政客太蠢了。

2023 年 2 月 20 号，外交部官网发布了一份重量级报告，报告的标题为《美国的霸权霸道霸凌及其危害》，将美方过去若干年的表现总结为 5 大害，涵盖政治、经济、军事、科技和文化。报告措辞犀利，以下是报告开篇两段定性表述：

美国在经历两次世界大战和冷战成为全球头号强国后，更加肆无忌惮，粗暴干涉别国内政，谋求霸权、维护霸权、滥用霸权，大搞颠覆渗透，动辄发动战争，贻害国际社会。

美国惯于打着民主、自由、人权的幌子，发动颜色革命，挑唆地区争端，甚至直接发动战争。美国固守冷战思维，大搞集团政治，挑动对立对抗。美国泛化国家安全，滥用出口管制，强推单边制裁。美国对国际法和国际规则合则用，不合则弃、则废，打着"基于规则的国际秩序"旗号，谋着维护自身"家法帮规"的私利。

中国政府表示，中国站在历史正确一边，践行真正的多边主义，弘扬全人类共同价值，推动全球治理体系朝着更加公正合理的方向发展，切实维护好广大发展中国家共同利益和国际公平正义，携手构建人类命运共同体。

这不是战狼，是龙抬头，是睡狮猛醒。用持久战的模式说，中美关系从战略防御，转向了战略相持阶段。有些事，我们要更坚强勇敢，该出手时就出手。

中美之间是结构性矛盾，这不是哪个，或者哪派政客上台所能改变的。

美国的需求并非干掉中国，而是希望中国拿出自己的资产帮助美国缓解债务危机。但也只是缓解，拖延时间。因为，即便中国同意合作，美国的危机也解决不了，除非美国实施足以改变其国家性质和经济运行原则的内部改革。这当然属于痴心妄想。美国连解决方案都没有，那中国帮它有什么价值？对中国即便也有好处，终归也无法持久。或者退一万步讲，美国能拿出什么样的利益来交换？就算答应了，能不能做到？下届政府认不认？所以美国的政治运行方式决定了，美国无法选择通过实质性让步来谈判。

美国也不会收缩乃至放弃霸权。这固然跟傲慢有关，但核心问题还是美国经济的路径依赖。维持霸权的成本越来越高，会把帝国消耗得灯枯油尽，放弃霸权则会失去霸权带来的种种利益，导致国内种种早已难以掩饰的深刻矛盾如冲天火焰般爆发。这种"帝国的矛盾"，我们在历史上已经见识过无数次。所以，就算美国内部有一部分人主张对中国怀柔，而不是用贸易战和科技战威逼，那也只是发现根本打不动之后的无奈之举或者诱使中国奉养美国的另一条路线。

毫无疑问，美国统治下的国际秩序给中国带来了巨大的发展机遇，但这并非西方的赏赐，根源仍是全体中国人民艰苦奋斗近百年攒下的工农业基础，我们付出了汗水、血泪和屈辱，中国向美国和世界支付了足够的成本，做出了足够的贡献。中美两国各阶层之间绝非没有情分，但这并非中美关系的实质问题。大厦将倾，行将败亡的是资本主义全球体系，这不是哪个国家或者国家集团的努力能够最终改变的。万事逃不过规律，哪怕这条衰微之路还会有螺旋反复，还会再走上几十年。

中美友好当然要谈，对话远远强过对抗，美国也远不是一个一味逞强无法交流的对象。但问题的本质依然是，我们解决不了美国的问题，美国也解决不了美国的问题。

鹰击长空,鱼翔浅底,万类霜天竞自由。而且,中国人民值得一个更公平合理的世界秩序,世界人民,尤其是广大第三世界国家的人民值得一个更公平合理的世界秩序。

第六章　欧洲困境：安全能力的挑战
　　　　与俄乌冲突

　　欧洲给中国的印象一直是岁月静好，但现在也陷入了大麻烦。

　　过去，欧洲安全领域一直有三个原则：1. 最好主导地中海世界；2. 如不能主导，最好维持地中海世界处于最低限度的稳定秩序；3. 如果失去了稳定，最好能够维持欧洲自身的边界安全。晚近十几年来，欧洲基本政策已经全线失败：1. 欧洲已经无法主导地中海；2. 北非和中东的不时震荡，使地中海地区失去了稳定的政治秩序，穆斯林难民和移民大量进入欧洲。3. 在欧洲的心脏地带直接爆发了俄乌战争。今天的欧洲，面临的身份和安全困局，可能在不少方面比十字军时代还要严重。

　　欧洲不仅面临安全问题，还暴露出解决不了安全问题的能力危机。二战之后，欧洲的安全问题主要由美国牵头解决，美国在欧洲多国长期驻军，主导建立了北大西洋公约组织架构。美国经常嘲笑老欧洲说，你们不都是我奶大的吗？只长肉不长牙的笨家伙。在较长时间内，由于美国的强力守护，欧洲不用考虑安全，专心发展自身经济，走到了全球福利国家的前列。现在，欧洲遇到严重安全问题，美国实力下降，不能完全兼顾。尤其是俄乌战争爆发后，欧洲要直接面对冷战时期的最可怕对手，心里十分不踏实。万一把战斗民族惹毛了，核战的威胁谁也扛不住。

中国人非常羡慕欧洲的福利水平。2022 年,欧盟占全世界人口 5.9%,GDP 总量 17%,福利支出却是全球 50%。这是欧洲长期幸福的原因,也是它注定崩溃的理由,关键答案是欧洲何德何能。欧洲既不像美国那样具备强悍的科技创新能力,也不像中国那样努力拼搏。欧洲的福利高地将被削平。

1960 年代以来,欧洲主要国家先后发展出完善的社会福利体系。社会福利是一柄双刃剑,不给大家就闹,给多了大家就躺平。起初,欧洲国家也不担心,即便本国公民倦怠,还有大量移民可以廉价使用。移民一代肯定要辛苦劳作,但移民二代落地生根,也可以坐享公民福利,时间一长,更多人的工作斗志都下降了,国家的福利负担还在显著增长。基于选举政治的原因,政党政客为了争胜,还得不断给选民开出承诺单,结果就是鸦片上瘾,患上了福利国家病。选举民主的重要弊端就是,孩子们没有投票权,未出生的孩子们更没有投票权,都是成年人为自己的愉悦在投票。成人的福利越好,国家的节奏越慢,社会不卷了,没有增长和创造,就寅吃卯粮,用未来的债务给当下的幸福买单,政客死后哪管它洪水滔天。

在持续多年的移民浪潮之后,欧洲又迎来了难民潮。美国打着"民主改造中东"的旗号,发动了阿富汗战争和伊拉克战争,又在"阿拉伯之春"的大规模民众暴乱中,助推了利比亚和叙利亚的战乱。随后是乌克兰危机导致的俄罗斯与欧洲的冲突。政局动荡、经济恶化、教派和部族之间激烈冲突,最终引发了涌向欧洲的大规模难民潮。请神容易送神难,难民比移民更难实现社会融合。在激烈的对抗和矛盾中,到底是用爱来抚慰人心自欺欺人的白左思潮胜出,还是满怀恨意要驱赶外族的右翼种族主义获胜,不难得出结论。

经济困难和贫富分化加剧,使得民粹主义社会运动在欧洲各国兴起,对外猛烈攻击全球化,对内强烈否定现行体制架构,动员民众,助推阶层和族群对抗,形成对国家治理与跨国交往的长期威胁。西方国家的社会治安水平普遍下降,枪支伤亡事件猛增,恐怖主义极端事件频发。

2022 年 1 月 17 日,国际发展及救援慈善组织乐施会(Oxfam)发布了关于全球不平等年度报告《不平等杀戮》(Inequality Kills)。报告指出,自 2020 年 3 月新冠疫情以来,全球最富有 10 个人的总财富,从 7000 亿美元增长到 1.5 万亿美元,是全球最贫困的 31 亿人总和的 6 倍。疫情让富人们变得更富有,全球其他地区(约 99％的人)更多人却陷入贫困之中。

说到欧洲人松弛的生活,讨论有点激烈。其实一个国家的普通人,要想不卷,松弛生活,主要还是靠三大因素:资源、产业、人口。还有就是祖上底子打得好,有老本吃。

资源型比如中东国家靠石油,加上人口少,本国人就可以躺平。东南亚一些小国靠自然资源,旅游业发达也能不卷。摩纳哥虽然小,却可以人人躺平,是世界上最富裕的国家之一,因为旅游业(博彩)带来了巨量财富,但人口只有那么一丁点。

欧洲最富的几个工业国也能躺平,还能接收大把难民进来好吃好住。因为他们个个都不仅有产业,还有老本吃,从大航海时代开始掠夺的殖民地资源,加上工业革命积累的深厚家底。不仅有世界 500 强工业巨头空客、西门子、奔驰、宝马、拜耳,还有踩几脚缝纫机就能卖几万几十万的爱马仕、LV、香奈儿。这些都是能收割全世界的产业。人口也不多,所以能高福利。现在欧洲不搞新的花样出来,一直吃老本,大多数人躺平,已经没什么活力了。老本也没多久好吃了。

收割全世界最狠的还是美国。500 强里不仅有传统的沃尔玛、星巴克、麦当劳、波音吃老本，还有新兴苹果、特斯拉、脸书、亚马逊、微软源源不断迭代。还有文化输出，像迪士尼这么老的企业，还在不断搞新的 IP 收割，一个冰雪奇缘 6 年收割 1000 多亿，一个玲娜贝儿怒赚 3000 多亿，超过许多国家 GDP 了！一个迪士尼都这样了，更别提好莱坞了，那赚的都是全世界人民的钱。

至于中国内卷，那是没办法。毕竟资源有限，老底子基础太差，人多，也缺少收割全世界的产业。三样全不占。衣服鞋子这种都是血汗钱不能算，一双鞋子赚 2 块怎么高薪？人家踩几脚缝纫机赚几千才能高薪，把高科技产品卖到全世界才能高薪。

其实中国能发展到现在这样也不容易了。未来想不卷，还是要靠更多高门槛高利润的产业收割全世界，企业利润高，员工收入自然就高了。当然这是人家的饭碗，人家不会甘心让咱们抢的，所以要么做出别人没有的新东西，要么走别人的路超车，每条路都很难，但是为了让大家都过上好日子，不得不走。对于中印这样广土众民的超大规模经济体，又没有殖民积累，想要逆袭，只能拼产业科技：先利用人力规模加入全球制造业分工完成积累，再利用积累的人力和物质资本一点一点卷科技。值得庆幸的是，中国已基本走完第一阶段，同时第二阶段也步入正轨。

俄乌冲突推倒了一系列多米诺骨牌，不仅导致能源、粮食等国际大宗商品价格飞涨，而且造成外部需求下降，金融环境收紧，经济活动放缓，滞胀风险上升，粮荒若隐若现，多国债务、通胀高企至随时暴雷的水平。国际货币基金组织表示，全球经济或面临 50 年来最疲弱局面。

在这种局面下，俄乌冲突又让欧洲雪上加霜。当年苏联解体后，俄罗斯一度艰难。后来也懂了，家里有矿，不可能混不下去。

俄罗斯将廉价能源资源卖得风生水起。此刻，欧洲一体化进程加速，双方一拍即合，缔结了长期友谊。在 1990 年代至 2020 年代，欧洲和俄罗斯建立了从俄罗斯中部向北欧、中欧和南欧输送天然气和石油的庞大管道网络。这是迄今为止全世界最大的能源基础设施项目。从 1990 年代开始，欧盟与俄罗斯的贸易额从每年几十亿美元增长到 2021 年的 2700 亿美元。2020 年，欧盟是俄罗斯第一大贸易伙伴，欧俄贸易额占俄罗斯对外贸易总额的 37.3%。俄罗斯进口产品中约 36.5% 来自欧盟，出口产品中约 37.9% 流向欧盟。使用来自俄罗斯的低价能源，德国国内生产总值每年能增加约一万亿美元。

按理说，双方维持这样的关系理所当然。但随着北约不断东扩，俄罗斯的安全压力超过了经济互动。如果乌克兰最终加入北约，俄罗斯不能容忍。

2022 年 2 月 24 日，俄罗斯以激烈军事行动的方式试图打破原有西方霸权秩序，使得大国格局出现冷战结束以来最激烈的动荡。美国领衔的北约与西方各国对俄罗斯进行了暴风骤雨式、高达 6000 多项的制裁，为乌克兰提供约百亿美元的经济与军备援助、卫星信号支持、国际舆论控制甚至指挥系统支援。普京看来从未计划过打硬仗。开战时试图用奇兵突袭一举拱翻泽连斯基政权，但面临强攻基辅的难题后知难而退。战争爆发后，美欧看到机会，在经济和金融上一下子弹药打光，在军事上除了不直接下场，也是倾力援助，力图一举拱翻普京。但俄罗斯毕竟是大国，普京是得到民意支持的。普京低估了乌克兰，更是低估了美欧，但美欧也低估了普京。这使得双方都被锁入意想不到的境地。

面对西方的强势围剿，俄罗斯凭借小麦、石油和化肥三样超级武器，竟然完全没有崩。然而，科学无国界、艺术无国界、体育无国界、资本无国界等过往种种惯例和规则,在严重对立中被打破。最重要的是,跨国私营企业参与制裁和私有财产不可侵犯原则也被打破,可能对经济全球化会产生致命影响。人类社会要想重新找回国际合作的状态和感觉,短期内已难以实现。

在这场冲突中,还出现了一些重大事件,例如,科学、艺术、体育和资本无国界的底线规则被突破。西方把俄罗斯视为敌对国家,欧美冻结了俄罗斯在海外的天量资产,俄罗斯的运动员不能参加国际体育比赛,科学家要离开,甚至资本家的合法财产可以被罚款充公。安理会常任理事国、核军事强国被欺负到这种样子,极大挑战了人类合作的基本规范,全球化走到了痛苦时间。

当欧洲和俄罗斯缠斗在一起的时候,理论上还是有和解的可能,毕竟能源资源的互动体系还在。俄罗斯对欧洲说,你们的冬天不冷吗?我们家的油气不香吗?价格不美吗?何必非要要死里整。欧洲的一些精英恐怕心里也认同这种说法。可是,北溪管道离奇被炸了。尽管美国官方百般否认,欧洲各国闪烁其词,但大量证据指向美国。如果不纠结凶手,只看结果就更清楚。北溪被炸,彻底毁掉了俄欧的能源体系,慧剑斩断了情丝。

北溪事件发生后,欧洲工业批发电价一度达到美国4—5倍,工业用天然气成本超过美国8倍。在欧洲继续进行大宗工业生产已无利可图。俄乌战争爆发后欧洲企业本来就在迁往美国,事件大大加速了这一进程。短短半年,欧洲失去了接近一半的有色金属产能和三分之一的冶金工业能力。产业转移,俄欧分手,全球化再遭重创。欧洲只能更深的依附美国,俄罗斯则必须一路向东。全球地缘政治遭遇了极大的调整。

美国的掠夺体系,在无法从中国和俄罗斯那里撸走羊毛的时候,兄弟们也得成为被掠夺对象。本着死道长不能死贫道的精神,欧洲失血良多。先是美国加息，欧洲老钱往美国跑；北溪被炸，欧洲所剩不多的优质工业也往美国跑。

难堪的是，美国对欧洲渗透极深，各国政客大多只能依傍美国。2023年5月，在日本广岛举办的G7峰会，是历史上最大规模的G7峰会，是要塑造新集团对抗的峰会。美国要说服欧洲一起干大事。峰会的公报杀气腾腾，主题非常明显：先解决俄国，再对付中国。针对俄国的策略直白赤裸。针对中国则是要立规矩："一个按照国际规则行事的中国，符合全球利益。"主要举措有三条：减少中国供应链，阻止中国科技发展，破坏中国势力扩张。只不过，今日列强，已不是往日列强。世界斗转星移。

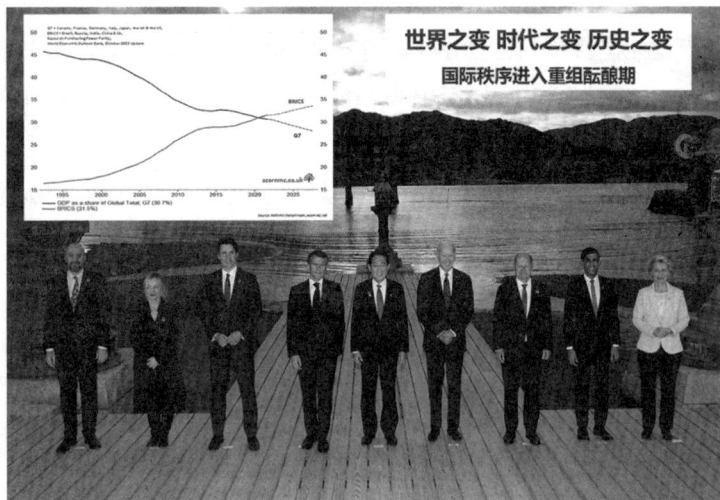

金钻5国的GDP全球占比，已经历史性地超越了西方G7。这是"世界之变、时代之变、历史之变"。

G7广岛峰会的合影照片也意味深长，背后展示了1400年多年历史的日本神坛，西方主要国家领导人站在暮色只中，象征着西方文明的落日黄昏，并可能把人类拽入黑暗。

2023 年 10 月 7 日凌晨,巴勒斯坦伊斯兰抵抗运动(哈马斯)从加沙地带向以色列发起前所未有的攻击,发射数千枚火箭弹。随后冲突不断升级,造成 50 年来遭遇的最惨痛损失。以色列向哈马斯宣战,黎巴嫩真主党向以色列宣战。美国深入卷入。全球乱局进一步加深。如果以色列和美国应对失当,可能会把整个阿拉伯世界拖入战团。

当下资本主义世界体系中的政治秩序和经济秩序之间产生了深刻的内在矛盾,全球治理陷入了前所未有的"休克"状态与"赤字"困境:以联合国、WTO、WHO 为主体的国际组织功能严重失常;以美国领衔为传统的治理惯性与行为规则经常失势;以 G7、G20 为代表的危机应对大国协调机制极度失位;以 IMF、世界银行为代表的财政货币协调机制全面失措。

第七章　秩序重构：后发国家的合作与一带一路

　　当今世界变乱交织，百年变局加速演进，人类社会面临前所未有的挑战。团结还是分裂？和平还是冲突？合作还是对抗？再次成为时代之问。在这个艰难的历史时刻，如果人类还有希望和光，那必须只能是中华文明。

　　10年前，习近平主席提出构建人类命运共同体理念，目的就是回答"人类向何处去"的世界之问、历史之问、时代之问，为彷徨求索的世界点亮前行之路，为各国人民走向携手同心共护家园、共享繁荣的美好未来贡献中国方案。自2022年下半年至2023年3月，中国先后发出了三个高级别倡议，分别是：全球发展倡议、全球安全倡议和全球文明倡议。2023年6月28日，《中华人民共和国对外关系法》公布。首次将中国提出的全球安全倡议、全球发展倡议、全球文明倡议以法律条文固定下来并系统提炼，体现为共同、综合、合作、可持续的安全观，公平普惠、开放合作、全面协调、创新联动的发展观和平等、互鉴、对话、包容的文明观。2023年9月13日，外交部发布《关于全球治理变革和建设的中国方案》。9月26日，国务院新闻办公室发布《携手构建人类命运共同体：中国的倡议与行动》白皮书，本着对人类命运的终极关怀，提出人类文明永续发展的精神指引。以上文件系统回答了"世界怎么了，我们向何处去"的终极时代之问。

中国给出的方案,包含着千年不朽文明的深刻观念。中国主张胸怀天下,立己达人——从历史的长镜头来看,中国发展是属于全人类进步的伟大事业;支持和而不同,协和万邦——志同道合是伙伴,求同存异也是伙伴;赞赏各美其美,美美与共——让文明交流互鉴成为增进各国人民友谊的桥梁、推动人类社会进步的动力、维护世界和平的纽带;坚信大道之行,天下为公——站在历史正确的一边,站在人类进步的一边,为推动构建人类命运共同体、建设更加美好的世界作出新的更大贡献。

中国一出手,就知有没有。

2022年12月,首届中国-阿拉伯国家峰会在沙特阿拉伯举行。习总书记本次中东之行是中国和阿拉伯世界的重大突破,不仅强化了与中东的关系,打开了人民币国际化的新局面,更重要的是在美国试图割裂全球导致动荡不已的背景下,给世界展示了另一种用合作方式共建未来的可能性。

中东地区是美国地缘政治的核心,也是美元谋定石油的关键因素。过去中东必须依附美国,美国控制中东采取了一些阴暗的矛盾手段,例如,在中东拼命扶持以色列,制造犹太人和阿拉伯人的对立竞争,在伊斯兰体系内部制造什叶派、逊尼派的对立冲突,在各个国家内制造上流社会和底层民众的怨恨纠结。过去中东也没什么办法。现在中东有一个全新的选择,可以跟新兴的东方大国更多走在一起。东方大国有意愿购买中东最丰富的石油天然气,有多少可以买多少。东方大国具备强大的基建能力,能帮助他们在沙漠中改造城市和文明。东方大国还拥有工业体系化能力,能让他们在燃气枯竭后实现现代工业转型升级。这个国家从不介入宗教冲突,只关心做生意和交朋友。在历史关键时刻,沙特王储萨勒曼等厉害人物，做出了积极的选择。

经过多轮次秘密斡旋，2023 年 3 月，中国神奇促成了沙特阿拉伯和伊朗的和解。当时，美国《纽约时报》评论说，华盛顿—中东终于达成了某种和平协议，不是在以色列和阿拉伯国家之间，而是沙特阿拉伯和伊朗，这两个国家几十年来一直针锋相对。此外，协议的达成不是由美国促成，而是中国。大逆转超出了所有人的想象，让各国政府都感到匪夷所思。至少在目前，几十年来主导外交的联盟和对手关系被颠覆。在过去的四分之三个世纪里，美国人一直是中东的核心角色，有事发生时它几乎都在场，但现在却发现自己在一个出现重大变化的时刻被挤到了一边。多年来在该地区只扮演次要角色的中国人突然摇身一变成了新的重要选手。以色列人一直在讨好沙特人，以便对抗他们在德黑兰的共同对手，现在他们一时找不着自己的位置。

之后，中国帮助叙利亚回归阿盟大家庭，使什叶派和逊尼派从仇恨纷争转向握手拥抱。中东形势发生了剧烈化学反应。

2023 年 3 月 26 日，全球最大石油公司——沙特国家石油公司(Saudi Aramco，沙特阿美)联手北方工业集团、盘锦鑫诚实业集团，计划在辽宁盘锦建设大型炼油化工一体化联合装置，耗资 122亿美元。3 月 27 日，沙特阿美又宣布签署协议，将以 36 亿美元收购中国荣盛石化 10% 的股份。沙特方面计划到 2027 年时，将石油产量提升到每天 1300 万桶，为中国的长期能源安全提供关键助力。中国与中东关系的亲密化，使得能源交易绕开美元成为可能，这对美元霸权意味着某种釜底抽薪。

中俄关系也朝前迈进了一步。2023 年 2 月，习近平总书记访问俄罗斯，双方发表了《中俄关于深化新时代全面战略协作伙伴关系的联合声明》，在双方不懈努力下，中俄新时代全面战略协作伙伴关系达到历史最高水平并持续向前发展。俄罗斯需要繁荣稳定的中国,中国需要强大成功的俄罗斯。世界越是动荡不安,中俄关系越应稳步向前。中俄携手,世界多极化和国际关系民主化就有了动力,全球战略平衡与稳定就有了保障。

此前,俄罗斯许多精英骨子里认为自己是西方文明,幻想还能回归西方并与他们和解。但在残酷战争之后,他们终于明白西方盎格鲁-撒克逊体系中,压根没有俄罗斯的位置。整体实力走低的俄罗斯必须寻求东方的温暖和支持。中俄互信达到了新高。在《关于2030年前中俄经济合作重点方向发展规划的联合声明》中,重点涉及扩大投资,健全物流体系,提升金融合作,巩固能源合作,促进创新交流,工业合作和农业合作。尤其重要的是,最终落脚点选在了中国东北—俄罗斯远东这个地区。有了远东的广阔腹地做支撑,东北重塑近代辉煌的条件成熟了一半。它还将解除俄罗斯几十年后背弃中国,回归西方的远期战略风险。

远东联邦区位于俄罗斯的亚洲地区东部,南部隔黑龙江和乌苏里江与中国黑龙江省、吉林省毗邻,与中国有3000多公里的边界线。该区域东隔白令海峡与美国相望,东南与日本、韩国、朝鲜环抱日本海,是俄罗斯与亚太国家联系的重要通道,战略位置十分重要。其总面积616.9万平方公里,占俄联邦总面积的36.1%,是全俄面积最大的联邦区。远东联邦区只有620多万人,却拥有极其丰富的自然资源包括油气、矿产、森林、水力、海洋生物等,以及极好的农业条件。

过去,俄罗斯对远东开发并不积极,担心肥水流进中国的田。现在别的重量筹码也不多,除了油气管道和粮食交易,最有互动前途的就是这里。随着远东开发的实质性启动,东北振兴的机会窗打开了。

2023年10月,中共中央政治局会议审议了《关于进一步推动新时代东北全面振兴取得新突破若干政策措施的意见》。会议指出,新时代新征程推动东北全面振兴,面临新的重大机遇,制定出台一揽子支持政策,对于进一步坚定信心,充分发挥东北比较优势,推动东北走出一条高质量发展、可持续振兴的新路,具有重要意义。此前9月份召开的新时代推动东北全面振兴座谈会,强调要坚持加大支持力度和激发内生动力相结合,对新时代推动东北振兴作出了全面部署,提出了多个具体措施,包括以科技创新推动产业创新,积极培育战略性新兴产业,继续深化国有企业改革、实施国有企业振兴专项行动,提升对内对外开放合作水平,以人口高质量发展支撑东北全面振兴等。东北迎来了一轮前所未有的新机遇。

以前中俄之间的贸易额仅为几百亿美元,2022年,中俄双边贸易额达到创纪录的1902亿美元,同比增长29.3%,中国连续13年稳居俄罗斯第一大贸易伙伴国。2023年肯定超过2000亿。最终期望应该是4000亿。俄罗斯整体外贸约为8500亿,未来中俄间贸易约占俄罗斯外贸的一半。因此,欧美让出的俄罗斯市场将得到中国的完全覆盖。

中国与中亚五国哈萨克斯坦、吉尔吉斯斯坦、塔吉克斯坦、乌兹别克斯坦和土库曼斯坦的关系,也得到了进一步巩固和加深。2023年,中国首场重大主场外交活动,就是中国和中亚五国建交31年来,六国元首首次以实体形式在西安举办峰会。达成了《中国—中亚峰会西安宣言》《中国—中亚峰会成果清单》等7份双多边文件,签署了100余份各领域合作协议。

西安古名长安,习总书记在欢迎致辞中引用了李白的名诗:长安复携手,再顾重千金。回到大唐的时代,当时中国与中亚的关系,就是中原与西域的关系。大唐的影响力,无限深入到了西域的腹地。在现代史中,中亚五国长期是前苏联和独联体的加盟共和国,唯俄罗斯马首是瞻。如今,俄罗斯自顾不暇,很难拉动中亚发展,中亚国家有意愿,中国有能力,携手共建命运共同体。

这个地方非常重要,5 个国家拥有 400 万平方公里国土和约 8000 万人口。他们连接俄罗斯向西,经过里海到欧洲,跨过红海到非洲。中国与欧盟之间只隔着中亚。伏尔加河-顿河运河沟通了亚速海和里海,中国货物只需要运输到黑海沿岸,就能装上 5000 吨级内河货轮,运到罗斯托夫再转大船运往欧洲。哈萨克斯坦铀矿储量世界第二,乌兹别克斯坦第十,足以在可预见的未来满足中国需求。土库曼斯坦坐拥世界第二超大气田——复兴气田(储量高达 26.2 万亿立方米,约等于三个中国),长期以来都是中国第一大天然气进口来源。对哈萨克斯坦的小麦、葵花籽,乌兹别克斯坦、吉尔吉斯斯坦的棉花、黄金,塔吉克斯坦的水电,也都有相当需求。

眼下的当务之急是启动中吉乌铁路建设。它是中国经略中亚大战略计划中的重要项目之一。该铁路的规划起点是新疆喀什,经过吉尔吉斯斯坦,最终抵达乌兹别克斯坦的安集延,总长 523 公里。这条铁路并不长,但它是如今欧亚铁路网的重要缺环。过去,新疆往西去欧洲,基本只能走俄罗斯,路途遥远。如果将来中吉乌铁路建成,就能更便捷南下北非,西进地中海,极大地促进中国与中亚地区的互联互通,有望带动沿线国家的经济发展。中国与中亚的深度链接体系化形成后,中国将整合空前的欧亚大陆资源联合体。

从内部看,过去中国的主要工业集中在东南沿海,因为全球贸易重心是海洋。现在中国人凭借基建力量,正将重心转向大陆,在西北、西南将有更多工业布局。这对国家的国土平衡具有重大意义。

2023年,中国还与拉美大国巴西加深了互动。拉美是美国的拉美,拉美是美国的后院。可是,美国从来没有诚意帮助拉美发展。中国与巴西之间高度互补,2022年,中巴双边贸易额达到1505亿美元。我们每年进口巴西大量铁矿石、谷物大豆和特色农产品。2023年3月,巴西总统卢拉访华,两国元首共同见证签署贸易投资、数字经济、科技创新、信息通信、减贫、检疫、航天等领域多项双边合作文件。巴西宣布,已与中国达成一项协议,可以用本币而非美元进行双边贸易交易。巴西矿业巨头淡水河谷宣布与中方合作伙伴签署七项合作文件,以加强战略议程,巩固对华关系。

2023年8月,金砖国家领导人第十五次会晤在南非举行。经过多方努力,"金砖"红火扩员,阿根廷、埃及、埃塞俄比亚、伊朗、沙特阿拉伯、阿联酋获邀加入金砖合作机制。金砖国家拥有全球主要的能源资源大国、农业大国、工业大国、人口大国。南方和西方在分叉。金砖国家还就未来货币秩序进行了讨论。

我们现在遇到的问题是:内部的经济效率已经很高了,但财富不容易流入。我们的财富流入,相当部分是通过顺差形式产生的。顺差是什么? 就是我们靠自己的劳动获得财富,这是我们2000年来最擅长的。但是现在这一步,美国人都不想让我们获得。美国为什么发疯一样要封锁我们,进而加快产业链转移? 根本原因就是不想让顺差流入我们头上。但是现在的问题是,我们的产业链太有韧性,导致即便是产品不能从我们这里流入,也可以从其他地方流入。但是,这种"窒息"战略迟早对我们有影响,因为绕过别的国家从而获得的利润总是相对不安全的。美国从我们的身上得到一个启示，就是不能让任何它看不顺眼的国家再模仿我们崛起的方式，再次崛起。这也是为什么金砖得到大家的欢迎。因为这些国家基本上都是被美国看不惯的国家。

美国正为不负责任的货币操纵付出代价。为降低对美元依赖，避免风险传染，全球主要经济体正纷纷降低美元储备、囤积黄金、减持美债，选择分散化、多元化的货币清算安排。全球中央银行购买的黄金比过去 55 年的任何一年都多。中国持有的美国国债数量减至略低于 8500 亿美元。2001 年，美元在全球储备货币中的份额为 73％，2021 年为 55％，2022 年为 47％。美元份额的下降速度是过去二十年平均水平的 10 倍。有人过于乐观期待人民币国际化，这暂时还不可能。作为全球最大工业国家，我们主要依靠输出商品，靠劳动挣钱，是外汇第一顺差国。美国主要输出资本，靠金融牟利。因此，在一段时间里，主要通过人民币互换和货物互换来冲击美元霸权。货币要建立世界信用，首先是有超级实力，其次是靠超级信任。现在中国暂时还不满足这些条件。事情总得一步一步走。

2023 年最重大的外交事件，是 10 月在北京举办的第三届"一带一路"国际合作高峰论坛，全球 140 多个国家和地区，数十个国际组织赴会，政要云集，高朋满座，签下 369 项重量级项目合作文件，为共建"一带一路"长卷留下浓墨重彩的一笔，也成为推动全球发展的历史性时刻。

十年来，"一带一路"倡议从谋篇布局的"大写意"发展为精谨细腻的"工笔画"，已经成为最受欢迎的国际公共产品和最大规模的国际合作平台。中国已同 150 多个国家和 30 多个国际组织签署"一带一路"合作文件。截至 2023 年 8 月，已形成 3000 多个合作项目，拉动近万亿美元投资规模，为共建国家创造 42 万个工作岗位，让近4000万人摆脱贫困。打造了一个个国家地标、民生工程、合作丰碑。中国和共建国家对接发展战略，分享发展路径，共绘发展新图景，携手走向现代化之路。

与美国霸权经济金字塔循环不同，中国意图打造一个环状结构。上半环中国力图成为消费加生产国，生产的角色未来主要集中在中高端领域，下半环是原来原料国的角色，中国将部分基础工业扩展到这些国家，帮助其向工业化迈进，使他们可以分享部分生产利润。整体循环的长期目标是人民币国际化。"江湖是人情世故、不是打打杀杀"，美国武力虽强，如果没有后续的利益链接，反水的时候你也挡不住。中国工程能力突出，基建狂魔红利还在，还有庞大产能优势，依托这些，能够发挥"借鸡下蛋""利益共享"等多重收益，是典型的国际版"农村包围城市"。世界比任何时候都更加需要中国。我们的目标是以更加开放、更加多元、更加包容的姿态来与更宽广的世界交往。

下　篇

复兴路径：高质量发展的关键路线图

2021年7月1日，在共产党百年华诞庆典上，习总书记在天安门城楼上郑重宣布：走自己的路，是党的全部理论和实践立足点，更是党百年奋斗得出的历史结论。中国特色社会主义是党和人民历经千辛万苦、付出巨大代价取得的根本成就，是实现中华民族伟大复兴的正确道路。我们坚持和发展中国特色社会主义，推动物质文明、政治文明、精神文明、社会文明、生态文明协调发展，创造了中国式现代化新道路，创造了人类文明新形态。

中华民族拥有5000多年历史演进中形成的灿烂文明，中国共产党拥有百年奋斗实践和70多年执政兴国经验，我们积极学习借鉴人类文明的一切有益成果，欢迎一切有益的建议和善意的批评，但我们绝不接受"教师爷"般颐指气使的说教！中国共产党和中国人民将在自己选择的道路上昂首阔步走下去，把中国发展进步的命运牢牢掌握在自己手中！

2022年10月，党的二十大报告提出，新时代新征程中国共产党的使命任务是团结带领全国各族人民全面建成社会主义现代化强国、实现第二个百年奋斗目标，以中国式现代化全面推进中华民族伟大复兴。

这是中国对未来道路设定的最重要宣示。其中的关键词就是中国式现代化。过去人类只有一种现代化，即西方国家完成的现代化，因为只有一种，我们不给它加定语。过去也只有一种现代化道路，即西方国家走过的路；也只有一种现代化的成功典范，就是西方列强。后发国家想要推动并完成现代化，只能以洋为师，向西方学习取经，走他们指引的路。挺长时间，中国也不例外，我们非常认真地学习了西方经验，朝着他们的方向奋力走了很远。走着走着，终究心里不踏实。毕竟中国与西方文明差别巨大，而且我们还有万丈雄心。走到现在，党终于勇敢坚强，要坚定不移地走自己的道路。

如果世纪中叶，中国如愿复兴梦圆，历史学家回头看，会更加深刻意识到，这是一个大历史的分水岭。从现在开始，人类至少有两种现代化，西方式和中国式。有两条道路，西方国家过去走的和我们正在探索的；有两种成功，以前的西方列强和以后的复兴中国。从现在开始，全面现代化的中国时间开始了。

第八章　坚定自信:中国式现代化的道路设定

中国式现代化要行稳致远,必须反思西方文明进程中的错误。确实,近代以来,资本主义社会文明创造了比以往任何社会文明都要先进的现代化文明成就。然而,这条现代化的实现道路又极其痛苦。如果没有掠夺殖民,英国能实现工业化吗? 如果没有掠夺殖民,西方能实现工业化吗? 如果要求殖民者巨额赔偿,西方还能维持工业化规模和水平吗? 自 1825 年资本主义世界爆发第一次周期性的经济危机以来,先后爆发过许多次危机和一系列战争,带来了人类历史上极为严重的两极分化、阶级对立、战争杀戮和流血死亡。

1500 年地理大发现以来的 500 年间,西方强国主要凭借殖民化、全球化与现代化的体系性成就,抢来本钱做买卖,塑造了笼罩、宰制所有非西方文明与民族的全球价值观和霸权性权力秩序。迄今,殖民掠夺和霸权秩序的根本特征都没有改变。

例如,法国是仅次于英国的第二大殖民帝国,在 20 世纪 30 年代拥有 1350 万平方公里的土地,约占世界总面积的十分之一。非洲是法国这个旧日帝国最后的堡垒。被法国殖民的非洲国家包括:西部非洲的贝宁、布基纳法索、科特迪瓦、几内亚、马里、毛里塔尼亚、尼日尔、塞内加尔、多哥;北部非洲的摩洛哥、阿尔及利亚、突尼斯;赤道非洲的喀麦隆、中非、乍得、加蓬、刚果共和国;东部非洲的科摩罗、马达加斯加、吉布提。今天,非洲的法语国家有 4 亿多人,市场原材料、金融都在法国手里,法国每年从中直接和间接获利 5000 亿美元。法国享受着几百年前的殖民地红利。法国前总统希拉克说:"法国人口袋里的每 1 欧元,就有 60 分是从非洲来的。"

党的二十大报告指出:我国不走一些国家通过战争、殖民、掠夺等方式实现现代化的老路,那种损人利己、充满血腥罪恶的老路给广大发展中国家人民带来深重苦难。

中国式现代化将努力实现五个基本特征。

一是人口规模巨大的现代化。我国十四亿多人口整体迈进现代化社会,规模超过现有发达国家人口的总和,艰巨性和复杂性前所未有,发展途径和推进方式也必然具有自己的特点。根据世界银行的数据,2021 年全球人口数量达到 78.37 亿人,其中高收入国家人口数量达到 12.91 亿人,占全球人口总数的 15.89%;中国人口数量达到 14.13 亿人,占全球人口总数的 18.03%。从国际看,中国要全面实现现代化,进入高收入国家的人口数量将增加 1.28 倍,无疑是人类历史上的伟大壮举,也将极大推进世界现代化的历史进程。全球发达国家美国、欧盟、脱欧的英国和日韩,总人口约为 10.3 亿,大致以美国为核心的洋葱式西方文明结构。最内层是主要英语国家美国、英国、加拿大、澳洲和新西兰等五眼联盟的盎格鲁-萨克逊秩序,向外扩展欧盟,最外围是日本、韩国。过去两三百年里,他们取得了领先的成就。中国作为人口总量比他们的总和还多的单一文明国家,希望用 100 年达到甚至超过他们的发展水平。

二是全体人民共同富裕的现代化。坚持以人民为中心的发展思想，自觉主动解决地区差距、城乡差距、收入分配差距，促进社会公平正义，坚决防止两极分化。规模是一个大变量，更难的是拥有如此大规模人口的国家，还要用共同富裕的方式来证明成功。社会发展一般并不平衡，遵循二八结构，即：二成人较为出色，八成人一般，这就很不错了。美国 3.3 亿人，盘剥全世界，还有几千万人非常贫穷。然而，中国不甘心接受贫富剧烈分化这种情况，希望更多人能一起走向远方，这使得现代化的实现难度系数大了很多倍，史无前例、史诗级别。这个特征彰显了中华文明伟大雄心的高度。

三是物质文明和精神文明相协调的现代化。坚持社会主义核心价值观，加强理想信念教育，弘扬中华优秀传统文化，增强人民精神力量，促进物的全面丰富和人的全面发展。资本主义用物质文明驱动，用钱来引导，拜物教就是最厉害的宗教。中华文明讲究义和利的平衡，不仅君子爱财取之有道，还要抚慰人心，推动人的精神自足。

四是人与自然和谐共生的现代化。坚持可持续发展，坚持节约优先、保护优先、自然恢复为主的方针，走生产发展、生活富裕、生态良好的文明发展道路。资本主义的早期发展，对人类环境进行了巨大开发和掠夺破坏。后来，他们意识到自己国家应绿色美好，却将污染和破坏放到其他发展中国家，自私自利。我们既要让中国持久美丽，也要担当地球环境保护的责任。

五是走和平发展道路的现代化。坚定站在历史正确的一边、站在人类文明进步的一边，高举和平、发展、合作、共赢旗帜，在坚定维护世界和平与发展中谋求自身发展。

这五个基本特征兼容了中国人的道德、雄心和理想意图，是对经典西方现代化道路的扬弃。中国式现代化旨在破解人类社会发展的诸多难题，摒弃了西方以资本为中心的现代化、两极分化的现代化、物质主义膨胀的现代化、对外扩张掠夺的现代化老路，拓展了发展中国家走向现代化的途径，为人类对更好社会制度的探索提供了中国智慧和中国方案。

要更好理解这个重大论述，关键是理解两个重要概念：中国和社会主义。

何谓中国？有人说，这就不用解释了，中国就是我们的伟大祖国。在政治话语中，这样说还不够饱满。按照新思想的逻辑，中国有两个维度，古典和革命，或者传统和红色。在革命年代，面对国破家亡的惨痛局面，五四新青年要打倒孔家店，跟传统告别；在改革开放年代，面对经济建设物欲涌流的大潮，知识精英又念叨要告别革命。在经历了更长时间的道路探索后，党高举两面旗帜：要弘扬传统，回到灿烂辉煌的古典文明去寻根；要赓续红色，回到百年来的伟大革命精神去铸魂，这样的中国才能行稳致远。

回看古典。中华文明史迄今为止绵延时间最长且从未中断的悠久文明，历经数千年而不死而不朽，必有其原因，定有其真理。老祖宗比洋大人更了解中国。中华优秀传统文化源远流长、博大精深，是中华文明的智慧结晶，其中蕴含的天下为公、民为邦本、为政以德、革故鼎新、任人唯贤、天人合一、自强不息、厚德载物、讲信修睦、亲仁善邻等，是中国人民在长期生产生活中积累的宇宙观、天下观、社会观、道德观的重要体现，是人民群众日用而不觉的共同价值观念。要把这里面的好东西挖掘出来，发扬光大，创新激活。

2023 年 6 月，在最高级别的文化传承发展座谈会上，习总书记强调，要担负起新的文化使命，努力建设中华民族现代文明。中国式现代化赋予中华文明以现代力量，中华文明赋予中国式现代化以深厚底蕴。习总书记阐述了一些全新的认知，他说，中华优秀传统文化有很多重要元素，共同塑造出中华文明的突出特性。具体表现在：

中华文明具有突出的连续性，从根本上决定了中华民族必然走自己的路。如果不从源远流长的历史连续性来认识中国，就不可能理解古代中国，也不可能理解现代中国，更不可能理解未来中国。

中华文明具有突出的创新性，从根本上决定了中华民族守正不守旧、尊古不复古的进取精神，决定了中华民族不惧新挑战、勇于接受新事物的无畏品格。

中华文明具有突出的统一性，从根本上决定了中华民族各民族文化融为一体、即使遭遇重大挫折也牢固凝聚，决定了国土不可分、国家不可乱、民族不可散、文明不可断的共同信念，决定了国家统一永远是中国核心利益的核心，决定了一个坚强统一的国家是各族人民的命运所系。

中华文明具有突出的包容性，从根本上决定了中华民族交往交流交融的历史取向，决定了中国各宗教信仰多元并存的和谐格局，决定了中华文化对世界文明兼收并蓄的开放胸怀。

中华文明具有突出的和平性，从根本上决定了中国始终是世界和平的建设者、全球发展的贡献者、国际秩序的维护者，决定了中国不断追求文明交流互鉴而不搞文化霸权，决定了中国不会把自己的价值观念与政治体制强加于人，决定了中国坚持合作、不搞对抗，决不搞"党同伐异"的小圈子。

最令人印象深刻的是对统一性的深刻分析。数千年的文明演进中，中华文明整合了两个大的分支，中原农耕文明和北方草原游牧文明，最终在政治上实现了国家大一统，在文化上达到了多元一体。尽管合久分，分久合，但核心信念从未更改，统一必是功勋，分裂定是原罪。为了能够让偌大国家海量人民始终在一起，历代政治家想出了许多天才办法，设计了许多精巧机制，使得中华文明即便屡次沉沦，而又终于奋起。

回看革命。对近现代中国人来说，最重要的不是老祖宗的教诲，而是革命先辈和志士仁人的奋斗牺牲。很难想象，在国家民族遭遇灭顶之灾的那个年代，竟然涌现出那么多神勇智慧而又敢于自我牺牲的伟大人物，在暗夜中为中国人杀出一条血路。他们点亮的火炬持久燃烧着，无论中国人走到哪里，都可以回到那些地方去疗伤、照镜子、抚慰心灵。这是一个宝贵的精神支撑，是人民力量的源泉。

党的二十大之后，习总书记带着二十届中共中央政治局常委去到延安，在七大会场、宝塔山下、延河水边，要为新的目标任务而团结奋斗。10 年前，习近平总书记带领十八届中共中央政治局常委在北京国家博物馆参观《复兴之路》展览，在这里，总书记向中国人民勾勒了实现中华民族伟大复兴中国梦的宏伟蓝图。5 年前，上海中共一大会址、嘉兴南湖红船，习近平总书记带领十九届中共中央政治局常委回顾建党历史、重温入党誓词，铮铮誓言，犹在耳畔。他说，只有不忘初心、牢记使命、永远奋斗，才能让中国共产党永远年轻。

何谓社会主义？这涉及举什么旗，走什么路。

从价值观的层面，我们可以这样粗糙的解释社会主义和资本主义的分歧。资本主义是资本的主义，最厉害的就是钱，钱是目的和意义。最顶级的资本家和财团才是国家真正的话事人和操盘者。他们喜欢生钱的载体市场，推崇竞争-效率原则，接受优胜-劣汰结果。资本主义的强悍在于效率至上，缺陷则是冷血无情。毕竟他们眼里只有钱。当年马克思一语洞穿天机，他说，资本来到人间,每一个毛孔都滴着血和肮脏的东西,这既是对殖民秩序的控诉,也是对资本本身贪婪无度的指责。马克思及其他经典作家,想为人间寻求更好的制度安排,后来不断探索便有了社会主义。社会主义是社会的主义,我们最关心的是人,人才是目的意义。钱只能是手段和工具。我们认为人民才是江山,江山就是人民。我们喜欢人的团体社会,推崇公平正义,施行扶弱济困。人民是共和国的绝对股东,所有发展应当由人民共享福利。这是共产党与中国人民的心灵契约。我们不能背叛无数死去的先烈,也不能背叛为共和国做出卓越牺牲的几代中国人民。

价值观层面的核心差别,在于资本主义是顶级土豪做主的弱肉强食进化论,社会主义是鼓励人民当家兜底所有的进步论。资本主义强调物竞天择,既符合自然演化的逻辑,也匹配人类自私的道德基因。因此,大多数国家很容易就走到这一边。社会主义极难走,需要逆天改命。中国之所以选择了更难的这条路,可能是因为它很古典,古老先哲一提到未来,就畅想大同社会,这与社会主义的远景契合。可能还因为它很革命,共产党的奋斗初心和使命就是为天下苦难穷人求解放。还可能因为我们的文明本来就拥有更大的雄心和抱负。因此,社会主义在中国找到了知音,得到共鸣,还能不断发扬光大,再现青春。

社会主义道路要坚定不移走下去,关键在党,在党的坚强领导。习总书记反复指出,中国共产党是中国特色社会主义事业的领导核心。我国社会主义政治制度优越性的一个突出特点是党总揽全局、协调各方的领导核心作用,形象地说是"众星捧月",这个"月"就是中国共产党。在国家治理体系的大棋局中,党中央是坐镇中军帐的"帅",车马炮各展其长,一盘棋大局分明。中国最大的国情就是中国共产党的领导。什么是中国特色? 这就是中国特色。

要理解办好中国的事,关键在党,还需要梳理一下政党体制。我们跟西方政党体制的重要区别,可以用一张简单的图示来说明。

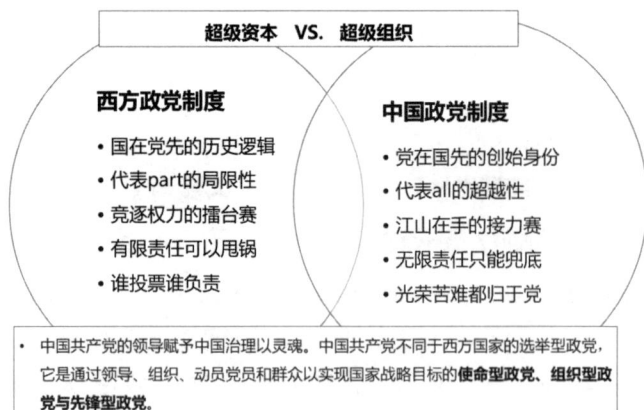

超级资本　VS.　超级组织

西方政党制度
• 国在党先的历史逻辑
• 代表part的局限性
• 竞逐权力的擂台赛
• 有限责任可以甩锅
• 谁投票谁负责

中国政党制度
• 党在国先的创始身份
• 代表all的超越性
• 江山在手的接力赛
• 无限责任只能兜底
• 光荣苦难都归于党

• 中国共产党的领导赋予中国治理以灵魂。中国共产党不同于西方国家的选举型政党,它是通过领导、组织、动员党员和群众以实现国家战略目标的**使命型政党、组织型政党与先锋型政党**。

先看看西方政党体制。首先,国在党先。当现代市场发育起来之后,现代资本主义国家便应运而生。一开始,他们非常厌恶党争,觉得太耽误挣钱。但后来发现蛋糕做大了,多元利益难以分配,还得容忍不同力量登台。这时候现代政党才逐渐成长起来。政党的英文单词很简单,叫 party,词根 Part 的意思就是一部分。西方政党的本质是只能代表某一部分,例如,左或右、贫或富、东南西北等。只要贴上标签就可以来玩游戏。国家表示中立,并将权力拿出来交给政党竞夺。西方政党制度就是政党组成团队,以打擂台的方式来争夺国家权力这个锦标,游戏规则是投票,得票多的团队赢。他们就可以暂时执掌江山,这就是当局。输了也不要泄气,在下面调皮,叫在野,等待下次大选东山再起。由于是竞选轮替,当局的责任就相当有限,因为前任不一定是你,后任也不一定是你,于是允许卸责,可以甩锅。甩锅卸责的终极环节是,谁投票谁负责。如果政府或者政客无能,那也是你投票选择的结果。你投了票,你就要负责。但你负得起责么? 当然不能。大家都投了票,大家都有责任,大家都负不起责任。这就是民主选举的秘密,它是一个责任消解机制。所以,西方政治的本质是轻飘飘的,没啥大事。不行就换人重启。如果有大事,大概就是金融危机。钱出事,那是真大事。

中国的政党制度跟西方迥然不同。我们是党在国先,先有共产党后有新中国,我们党缔造了军,铸造了国,党是江山的创始人,党带领人民打下江山,推翻三座大山,得国极正。其次,党代表的竟然不是 part,而是 all。起初是最大多数苦难群众,现在是中华民族最大多数人。党没有自己的狭隘利益,它超然中立,站在各方利益之上。党是国家缔造者,党是利益超越方,江山在手,不与谁竞争权力,只专心跑接力,设定长远目标,5 年、10 年,百年大计。尽管国家基础差,底子薄,但长期奋斗,终于也看到了时间带来的复利。西方政党被竞选周期局限,长远战略定力不够,任职短期目标也经常被打乱，选举沦为选秀，政治家越来越少见，演员越来越多见。

一个长期执政的党，重任在肩，责任无限。没有背锅侠，也找不到卸责机制。一切光荣归于党，各种苦难也得党领导人民来承担。所以，中国政治的特点是沉重，领导位置越高，越是日理万机，呕心沥血。西方国家的热点事件都是偶然个案、当事人发疯，政客胡作非为，中国的热点事件都会被民众归因于党，所谓国籍一换评论过万，舆论的问责口气也固定不变：这国怎？定体问。这个国家怎么了？这一定是体制出了啥问题。党诚恳反思，不断改正。党是中国的擎天柱、定海神针，党出了问题，天会塌陷，海也会垮。

这是历史的证明。回顾苦难深重的旧中国，怎么看都像要完蛋了。中国传统社会被西方打得一败涂地，陷入死循环：科学落后，技术落后，军事落后，财富被抢走，科学更落后……当时国民党的精英们，大多认定只有抱美国的大腿，求美国赏赐一个前程。但共产党人偏偏不信这个邪，不认命，他们竟然去了广阔的苦难乡村去动员农民，经过艰苦卓绝的努力，硬是把这些没有理想抱负，没有坚定决心，不会行军打仗的普通穷人打造成了一支铁军，最终战胜了命运。一部共产党的革命史，就是一部超级组织的动员史。毛泽东带领共产党用超高的组织性带领中国跨过了死循环，建立了自卫能力，神乎其技！在这个过程中，党也演化成了人间罕见的使命型、组织型、先锋型政党，从而与西方政党不再是同一个生物品种。

以共产党的标准来看，任何西方政党都配得上这样的评语：软弱涣散、无组织、少纪律。他们是服务于选举的功能社团，而我们则是要掌控命运的肌体结构。现在，共产党拥有9700多万党员，四百六七十万个基层党支部，水银泻地，无处不在，是国家、市场、社会的神经网络，是社会各板块的血脉连接，是身体器官的心血管体系。办好中国的事情，关键在党。

如果说，共产党领导的中国强在超级组织，那么民主党/共和党轮流执政的美国则是超级资本。美国更像是一个伪装成国家的超级公司，由董事会、监事会、股东大会和各路职业经理人组成的赚钱机器，公司认为没有什么事情是印钞无法解决的，如果还没有，那就继续疯狂印钞。中国则像一个伪装成国家的文明，始终打怪升级，不断进取。中国认为没有什么事情是团结奋斗无法解决的。如果还没有，那就更加团结奋斗一些。一个是对钱的迷信，一个是对人的相信。背后的历史观各异。中美两国互相不能抄作业。

这个道理其实很朴素。但在一段时间里，共产党也有过认知模糊或奋斗松懈，出现了危险，遭遇了更大的挑战。

在十九届六中全会《中共中央关于党的百年奋斗重大成就和历史经验的决议》中，党写道：党清醒认识到，外部环境变化带来许多新的风险挑战，国内改革发展稳定面临不少长期没有解决的深层次矛盾和问题以及新出现的一些矛盾和问题，管党治党一度宽松软带来党内消极腐败现象蔓延、政治生态出现严重问题，党群干群关系受到损害，党的创造力、凝聚力、战斗力受到削弱，党治国理政面临重大考验。

在中共二十大报告中，党写道：十年前，我们面对的形势是，一系列长期积累及新出现的突出矛盾和问题亟待解决。党内存在不少对坚持党的领导认识模糊、行动乏力问题，存在不少落实党的领导弱化、虚化、淡化问题，有些党员、干部政治信仰发生动摇，一些地方和部门形式主义、官僚主义、享乐主义和奢靡之风屡禁不止，特权思想和特权现象较为严重，一些贪腐问题触目惊心……当时，党内和社会上不少人对党和国家前途忧心忡忡。

治国必先治党,党兴才能国强。在历史关键时刻,党的领导集体保持了解决大党独有难题的清醒和坚定。晚近十年来,中国政治改革的主战场是全面从严治党。我们必须回归党的使命初心,重现党的组织能力,使党的整体状况康复。经过不懈努力,党找到了自我革命这一跳出治乱兴衰历史周期率的第二个答案,确保党永远不变质、不变色、不变味。坚持以严的基调强化正风肃纪,锲而不舍落实中央八项规定精神,持续深化纠治"四风",重点纠治形式主义、官僚主义,坚决破除特权思想和特权行为。

坚持无禁区、全覆盖、零容忍,上至周永康、薄熙来、郭伯雄、徐才厚、孙政才、令计划等"大老虎",下到群众身边的"蝇贪鼠害",谁也没有免罪的"丹书铁券",谁也不是碰不得的"铁帽子王"。面对中管干部这个关键少数群体,党敢于刀刃向内,以壮士断腕的决心遏制腐败。十八大以来,中央纪委国家监委立案审查调查了553名中管干部,其中包含了十八届中央委员、中央候补委员49人,十八届中央纪委委员12人;十九届中央委员、中央候补委员12人,十九届中央纪委委员6人。从2012年12月到2022年10月,共立案审查厅局级干部2.5万余人、县处级干部18.2万余人、乡科级干部65万人。数量之大,显示出病情之重;动静之猛,更彰显了党自我革命的能力和雄心。

接下来的新征程上,共产党还要不忘初心、牢记使命。2021年1月11日,习近平在省部级主要领导干部学习贯彻党的十九届五中全会精神专题研讨班上讲话指出,实现共同富裕不仅是经济问题,而且是关系党的执政基础的重大政治问题。我们决不能允许贫富差距越来越大、穷者愈穷富者愈富,决不能在富的人和穷的人之间出现一道不可逾越的鸿沟。

这段话里的三个决不允许非常重要,是我们理解中国式现代化共同富裕目标的一把钥匙。贫富差距越来越大、穷者愈穷富者愈富,富的人和穷的人之间出现一道不可逾越的鸿沟,这正是美式资本主义的天然表现和永恒归宿。共产党不服气,仍要改命。

美国的社会运行原则是,上限极高,下限极低。美国对精英十分宽容,竭力保护,通过他们的创造去攀登高地;对穷人则十分冷漠,放任沉沦,从不兜底。美国城市的典型样态就是富人住在郊外豪宅,中产游荡在秩序人间,穷人自生自灭在混乱街区。美国的强就强在精英的能耐,美国的弱就弱在穷人失去希望,撕裂阶层和国家。对社会精英,无论你多么出色,都可以变得更出色;无论你多么富有,都可以更富有;无论你有何奇思妙想,都可以找到资金和途径去追逐梦想。美国就凭借这种精英激励和保卫机制把蛋糕做大,在全世界撸羊毛,然后随手撒一点给底层穷人,共享美国梦。但当美国外部攫取的能力快速下降时,数量巨大的穷人被当成耗材,跌进资本主义黑暗野蛮的丛林里无法自救。

中国的社会运行原则是,封住上限,兜住底线。精英不能无限高飞,穷人不可以绝望躺平。即便贵如正国、富可敌国,也得如履薄冰,如临深渊,随时一着不慎满盘皆输,身败名裂。国家使出巨大力气,实际解决各种民生问题,规避了贫民窟,打赢了脱贫攻坚战。有些人对中国各种不满,跑到外国,发现国内是负责任的妈管得有点多,国外是压根就没有妈。

总书记的讲述还包含着深刻的中华文明品格。共同富裕不是劫富济贫,不是人人一样。重要的是让奋斗者看到希望,让逆袭有可能改变命运,让社会阶层不至于固化,让一切努力值得。这是中国古典文化中的王侯将相宁有种乎,是革命信念里的为有牺牲多壮志,敢教日月换新天。中国文化深深懂得,如果先富的地区不管不顾一骑绝尘走远，时间长了，国土会分裂；先富的阶层自顾自地一路高飞，时间长了，人心会撕裂。为了能够长久地在一起，必须先富带后富，大手拉小手，结对帮扶，转移支付，承担道义责任。这就是中国故事。

中国式现代化并非一个简单的标签，它包含着一些非常重要的历史逻辑。中国终究要用中国的方式继续前进。

第九章　发挥能力：工业体系化的难度及意义

全面建成社会主义现代化强国，总的战略安排是分两步走：从2020年到2035年基本实现社会主义现代化；从2035年到本世纪中叶把我国建成富强民主文明和谐美丽的社会主义现代化强国。未来五年是全面建设社会主义现代化国家开局起步的关键时期。

2035年中国会变成怎样？党的政策文本中有很多定性叙述，这里主要介绍两个量化指标。首先，国家没有公开表达过，但逻辑推理能够得出的结论是，到2035年，中国的GDP总量应该会超越美国登顶，成为全球最大经济体。有人不相信这能成功。其实，美国的GDP里服务业的比重太多，未必能持久支撑；美元对人民币的汇率也明显不合理，按购买力评价大概是1∶4.5，未来人民币适当升值，可以期许。有人说这件事不那么重要。其实还是相当重要的。如果国家之间比较仅拿一个指标来比较，大概率还是要用它。美国自1894年中国甲午战败后就拿下了这项指标的全球第一，此后从未失手，以至于美国孩子自从生下来就知道美国天下无敌，永远第一。如果中国在这项指标上实现赶超，会重创美国的傲慢和偏见，会产生更强的民族自信。

老百姓说我更关心自己的命运。党公开承诺，到2035年，我们的人均GDP要同比2020年翻倍。如果用当下美元计算，大概是2.3万—2.4万美元左右,这大概相当于目前北上广深和长三角、珠三角好城市的发展水平。中国的先进地区领先国家基本面10—15年。到2035年,中国东南西北,城市乡村,随便走走瞧瞧,都能看到今天中国最好地方的发展水平。如果是这样,那时的中国实际上已经相当厉害了。得益于生产能力的强大,以及生活方式的丰富,中国普通民众的生活水平比收入呈现出来的其实要高不少。有人详细对比之后认为,中国目前人均1.2万美元的GDP,大概已经达到了西班牙、葡萄牙这种国家2.4万美元的生活水平,到2035年,追上日本、韩国的生活水平,大有希望。

接下来再奋斗十几年,争取在世界中叶共和国百年时看到更加恢弘的成功。我们很难量化,但大致要见证三个成功:第一个是见证中国式现代化道路的开拓成功。第二个是见证社会主义制度优越性的成功。第三个是见证中华民族命运安顿的成功,站稳高位,从容前行。社会主义、现代化与民族命运三条线索实现历史性胜利大会师,中华民族复兴梦圆。

当然,党不仅会画饼,描绘远景蓝图,还要搭梯子,写程序,扎实走向未来。在国家的宏大战略设计中,需要在政治、经济、文化、社会和生态五个领域齐头并进。但其中对中华复兴最为关键的是,把推进新型工业化作为全面建成社会主义现代化强国的关键支撑。做强做优做大实体经济,加快构建以先进制造业为骨干的现代化产业体系。工业体系更健全、产业结构更优、数字技术与实体经济加速融合。为中国经济强筋壮骨,不断培育起新的竞争力。

工业化是西方现代化的灵魂。就像市场经济是资本主义运行模式的灵魂一样。当中国的社会主义计划经济体制撞上南墙走不下去时,党勇敢变革,以转基因融合的智慧,走出了社会主义市场经济体制的伟大道路。如今,在现代化再攀高峰的重大节点,我们要把工业化这架人类文明的伟大战车，更好地植入中华文明的血脉架构中，争取突破西方文明的发展上限。在过去四十多年，全球几乎最重要的制造业类别，都像游牧民族一样，在各地迁徙，最终聚集在中国。

西方开启工业化到现在 300 年过去了。按照西方历史经验，一个正常规模的国家，想成为发达国家的前提就是完成了工业化。但诡异的是，欧洲工业化之后的世界尤其是完成西方构建的殖民世界后，后发国家想独立自主走完工业化进程几乎是不可能的，几乎注定只能走事实上的买办道路。就目前可见的结果来说，二战以后，除了中国，还没有非西方国家真正实现了工业化。这事困难极多，难度极大。

工业革命来源于战争而不是自由市场经济，工业革命是伴随着社会革命和对外战争和殖民掠夺的，这是相互配套的，绝对不是单纯的技术发明。就像晚清有了洋务运动的大型工厂，也改变不了被殖民的命运一样，根上的总需求才是社会发展的原动力。工业革命就是大航海后的欧洲为了外争世界殖民地，内争欧陆霸权的需求而催生的。后发国家很难实现自主工业化，是因为盛宴已经结束。

欧洲工业革命之后，对世界其他文明就是技术、军事、经济和组织度上的降维打击，俄罗斯用冬将军打败拿破仑后成为欧洲宪兵不过几十年后，在克里米亚就被英、法两国揍得鼻青脸肿，英、法装米尼弹的前装速射枪（线膛枪）、蒸汽铁甲战列舰都在对俄战争中广泛使用，主要用滑膛枪和风帆战舰的俄罗斯被打蒙了，英、法血洗塞瓦斯托波尔。这还是所谓列强之一身在欧洲的俄罗斯，更别提其他亚非拉不知工业化为何物的国家了。导致的结果就是世界迅速被"发现"完毕，殖民完毕，瓜分完毕。

瓜分后的世界，列强争霸的世界，所有其他国家都是西方国家争霸的燃料和实现地缘战略的工具，即使没有被直接殖民的国家也是被打开市场、夺取资源、金融压榨。这个过程中只有两个异类，一个是美国，另一个是日本。美国靠独立战争守住关税，广阔的国土，低成本的西进扩张，大量屠杀印第安人获得廉价土地，大量的欧洲移民带来技术资金和黑奴，孤悬世界岛之外的战略环境，对衰落后的西班牙拉美殖民地推行门罗主义和投资收割，以及对内陆的铁路化改造，逐渐在英国金融帝国的国际体系下从农业国转变为工业国，并在一战后真正在综合国力上超越了英国。日本则是通过英国的远东扶持用来对付俄罗斯的工具，并因甲午海战取得了工业化的第一桶金（也是大量举债，向西方借钱，赢了晚清收回成本，不然也是殖民地命运），而且是外部输入性积累，靠着这笔原始积累日本摆脱了被殖民的命运，实现了部分的工业化。因为上桌太晚且国力始终上不来，二战前日本的工业化也就是三流水平，殖民地也相当少，市场更加贫乏，这也是后来日俄战争和中日战争的源头。

一般国家的命运就非常悲惨了，一个没有经历深刻社会革命土地革命的后发国家，一个利益格局没有变化的旧国家，它的旧统治者越想自强越想图存越想独立自主，反而越容易成为被殖民被压榨的对象，这个国家的旧统治集团越容易发展成买办集团。

像奥斯曼帝国、大清帝国等都非常典型，就是旧的统治集团面对西方列强，需要搞工业，搞进口替代，但自身没有重工业，没有军事工业，更没有近代军事体系，没有科技体系，大量需要外购，但这个时候，一是门户已经被打开，关税已经被控制和压低，国内市场已经被西方大举侵吞，民族企业发展困难，而国家没有军事实力提供保护，财政本就入不敷出。二是国内矛盾重重，原始积累无从谈起,旧体制旧体系旧的权力和利益格局之下,只能向底层压榨,只能提高税收和厘金,且不论收多少,能不能收上来都是问题,中间被地方势力巧取豪夺更是家常便饭,旧的组织模式和旧利益格局严重阻碍了资本的有效提取。简而言之,就是在旧制度下,西方大举商品倾销之下,这些国家完全无法实现有效的原始积累和财政独立。

那么资金不足怎么办,只能向西方借钱(也包括列强们强迫借你钱让你发展,比如庚子赔款,还不起没关系,借你钱去还)买工业品和工厂,这个成本就太高了,不但让西方取得对你的金融压榨,又因为你购买重工业品反而带动了西方列强的工业需求,让西方释放了产能(想想为什么英德争夺北洋水师订单),而且还需要抵押自己的优质资产比如关税,比如矿山,比如铁路建设权等等。结局就是,你越是追求工业化欠钱越多,外债越多,那点高成本搞来的不成体系的工厂,在金融和关税不自主的情况下又无法形成优势体系,来对抗外来洋货形成内部市场正向循环,最终成本和品质产量规模效应还是不如西方。这种长在旧制度旧体系上的工业化又因组织度落后、关税不自主、武力不如人,工业化的努力改变不了国家越来越走下坡路。这也就解释了为什么晚清民国城市有了变化但农村反而破产了,因为所有这些列强剥削的节点还是集中在城市尤其是沿海城市,城市的发达是列强压榨我们油水的溢出效应形成的虚假繁荣罢了。一直到现在的世界经济,其实没根本变化,大多数国家依然如此,经济中心城市看起来还不错,有现代化的样子,但实际上和旧上海一样,不过是买办集团靠外资建设的虚幻的经济繁荣而已。

工业化后的世界就是这么残酷！所以为什么毛泽东领导的共产党伟大？旧体系旧统治集团用了一百多年的时间证明不能救中

国不能改良中国，不彻底的国民革命也不能救中国，国民党只能加深灾难，只有毛泽东领导的共产党可以救中国！只有真正的革命政党，进行最深刻的土地革命和社会革命，实现独立自主，实现支部建在连上，党支部进村组织度升维，打碎西方列强的枷锁（赔款、租界、矿山和关税抵押、铁路权、市场单向开放等等），打碎国民党和大地主赖以生存的旧制度（佃农制度、乡村士绅自治、军阀割据等），真正以国家层面实现原始积累和统筹工业品价格，才能为工业化建设提供前提条件，注意这还只是前提条件。

这些非西方国家还要面对一个更严酷的事实是，即使想改变命运但时间不够了，同时期的西方已经进入垄断时期，大英帝国已经发展到了金融帝国阶段，靠最强大的海军＋广阔殖民地＋海上军事要道贸易控制＋贵金属垄断已经实现了对全球的市场管控，这个时期的西方列强对外的侵略战争没有那么激烈了，因为很显然没必要了。非西方国家想在产业上反击西方，想在贸易上独立自主已经看起来不可能了，对于奥斯曼帝国、中华民国等这些所谓还独立的国家来说，进行金融远程管制，培养买办更划算。日本某种程度也是一样，日本甲午之后真正发展起来的就是军事工业（海军）和纺织业，其他也非常一般，且因为殖民地又少又穷，国内市场狭小，地缘上远离世界市场（美欧），国民生活一直非常次，不比当时的民国好多少，农村更是濒临破产。当时日本的工业化是一种杀鸡取卵式的，殖民地不够吃还要吃本国老百姓的外部代偿不足的低水平工业化。"七·七"事变之前，日本对美国钢铁和石油以及机床有强烈的依赖。这何尝不是一种剪刀差？等到二战后美国接手日本，美国对日本的金融强管制更加严密，更加隐蔽，更加合法化。

俄罗斯稍微特殊，但原理基本一样。1861年改革看似经济发展,工业化加速,但依然严重依赖外资,严重依赖西方投资和技术,沙俄工业相比西欧规模很小,成本也没优势,依然以出口农产品换取重工业产品为主,导致的结果跟上面一样。后来苏联工业化,就是打败内外敌人,首先要实现的是国家的独立自主,并全面否定了沙俄时代的西方外债(相当于没收了西方投资),后期斯大林模式下,苏联采用的就是沙俄时代工业化基础+工农差额+集中力量发展重工业+充分利用大萧条取得了美德的技术输入,操作出了后发落后国家工业化的道路雏形。二战后美苏争霸失败,实际上从经济角度去看很直接和很容易理解,就是苏联的经济圈子(华约)太小,相比当时西方体系人口更少,自我循环不足,本就不富裕的投资不在本国而是在盟国更多,后期更只能靠石油续命,连农产品都不够了,不但外部代偿有限,还要负担更多的意识形态和海外无效扩张的强撑大帝国脸面的开支,苏联老百姓当然就排队买面包了,最大的人口最多的盟友又被自己抛弃,大三角 2 打 1,还怎么活?战略上早就输了。

二战后到美苏冷战的阶段,为后发国家开创了一丝工业化的光。因为争霸,美苏两国都对地缘前线进行了工业化输出和投资,已经站起来并完成组织度升维的东方大国牢牢抓住这次千载难逢的机会,在朝鲜半岛取得了对美国的军事胜利,对苏联的政治胜利,并建立屏障,取得了立国之战的伟大功勋,确保了未来 70 年的和平建设期,并因国内土地革命和社会革命的完成,顺利承接了苏联全体系 156 个工业项目,各个工业领域在苏联帮助下培养了大量工业人才和技术人员,走过最惊心动魄的一段路。

有人说四渡赤水开上帝视角也难重现,这是毛泽东运动战游击战的战术厉害,新中国开国之际的战略安排,其实打开上帝视角一样很难复刻,很难想象一个刚刚经历了抗日战争和内战的国家刚一建国就敢和世界第一的美国，这个当时 GDP 占世界 50%，二战兵工厂，机械化的美军硬刚，面临刚建国就可能亡国的战争局面，换成任何一个领导人谁敢堵上国运呢？但毛泽东的战略安排就是必须硬上，"雄关漫道真如铁，而今迈步从头越"，这一战打出的是东北工业基地的屏障，打出的是中国真正工业革命的开端，任何闪失都会让这个机会错过！就凭这一点，毛泽东也是千年伟人。

同时期的日韩、东欧也都获得了工业化转移，但因为不像东方大国是自己真打出来的，那都是美苏的赏赐，必然也是不完整的并受制于人的，事实上也是如此，美国拿捏日韩，苏联收拾东欧都不在话下。正因为中国走的是独立自主的路线，我们是大国，我们的工业化不是苏联恩赐，而是我们自己争取来的，当然就不可能受苏联摆布，不可避免的出现和苏联的矛盾。改开以后，中国再次抓住机会进入西方体系进行工业化，历经数十年，终于华丽转身完成百年夙愿，建成了人类有史以来的最全最大规模工业体系。

为什么只有东方大国做到了这点？前面殖民地时代的历史就不难解释，二战以来的世界其实和百年前的世界没有本质区别，而且变得更加恶劣，接棒英国的美国金融强管制世界体系下并在苏联解体后变得更加疯狂，这个世界的大多数国家包括部分西方小国说穿了都是买办政府。

宏观上看，工业体系是一个国家以工业为核心的围绕工业生产全流程的全面配套能力，有产业规模和分工体系、制度设计、标准管理、组织能力、社会分工、教育体系、科研体系等等诸多方面，是一环套一环的，是层层分解层层递进的关系，是一种国家能力。一个国家工业体系的强弱不在于有工厂，而是成本＋体系＋规模的在地优势，就是规模性、技术性、体系性、要素成本综合起来的性价比，本土生产的东西要比外来的更具备综合成本优势。

微观上看，不是说有一座工厂就是工业化，晚清中国引进很多工厂但那不是工业化。而是从建设这座工厂开始，工厂里的机电成套设备、机械设备、电气设备等都能在本国内成套采购，工厂的建设、设计、融资都能在一国内基本完成，建成之后开始组织生产、人员培训、稳定的货币金融政策、友好稳定的国内国际市场、优良的港口和铁路公路配套，优质的大学教育科研能力支撑，强大的国家军队保护，这些才是完整的工业化。同时所有刚才提到的那些机电成套设备、机械设备、电气设备本身的生产还可以继续层层推进，层层细分，层层分解而衍生出无数的相关生产和配套，也就是看到的是一座工厂，实际和它相关的工厂可能有几千上万，这就叫做体系性和规模性。看见一件普通的工业品，比如汽车，其实在这辆汽车后面是有一座工业化大山在支撑，有无数的零配件公司，设计公司、钢铁工业、电解铝工业、稀土工业、电子工业、化工工业、玻璃工业等等的横向的、纵向的、交叉的工业部门，当然还有各类理工科院校，科研院所等等人才培训体系，有这些完整健全的体系，才能在一国内生产出完整的一台车。所以为什么这个世界上拥有独立完整汽车工业的国家少之又少，除中国外基本都是老牌发达国家的原因。

其实几乎所有非西方国家都面临的问题，就是严重依赖外资，因为本国没有原始积累，即使有原始积累如中东大户，卖初级产品的确赚钱了，但无法真正投入工业化，因为没有体系，所以成本不可控，所有重化工业产品，也就是生产机器的机器产业一片空白，全部从国外进口和配套，导致的是工业体系不全，层级太浅，质量和产量根本就不可能与西方和东方大国竞争，而且还有标准问题、准入问题、专利问题等。

工业体系的全面性和规模，就是产业越全技术越高，利润和上下游产业辐射更高。这和进口零部件再组装完全不是一个层次，那种简单组装的产业链非常浅，带动的上下游工厂和就业很有限，那是假工业化。随后，要继续持续生产，提升体系，还需要巨量的高素质受教育劳动力，大量的高技术工程师，需要大学教育到位，社会稳定，金融稳定，政治稳定，需要自己的标准体系，需要军事保护产业等等，而这些产业是不可能全面进口的。

没有原始积累的这些国家可以出口一部分初级工业品和原材料（例如民国的纺织业），但是高水平工业品和军工产品还是需要大量进口，这些国家跟晚清、民国我们的境遇是一样的，看似繁荣实际一屁股外债。所以没有土地社会革命的国家，统治集团越想摆脱落后，想工业化，越想进口替代，就越需要外资，越需要成套进口工厂；外债越多，这些国家就越要压榨和剥削本国的人去还债，甚至出卖核心资产去还债。

美国主导下的世界就魔幻在这里。前期这些国家获得美国慷慨的低息投资，工业化看起来不错，经济也很繁荣，到美元收割的时候，直接加息，再搞点颜色革命，搞点意识形态输出，搞点军事介入，这个时候外资撤离，想继续借新债还老债？国际货币基金组织就来了，世界银行就来了，西方财团就来了，开出的条件是必须开放金融市场，必须开放国内市场，必须变卖国有资产，西方就进来低价抄底了，这叫割韭菜两次。所以什么中等收入陷阱，什么拉美危机，什么日本病也都很好理解了，而所有这些都通过什么民主自由的推广、WTO、舆论控制、金融全球化、专利壁垒、标准壁垒、无形的市场壁垒大大加以美化。

为什么后发国家必须经历深刻的土地和社会革命才是开启工业化的先决条件。其实这个问题看看当代中国和印度的发展程度和工业化能力就一目了然。第一次工业革命后到19世纪晚期，世界主要老帝国尚有一丝可能进行自我革新改良，因为那个时代军事代差不明显，铁路尚未发明，西方组织度还未进一步提升，西方的工业能力有限，还没有那么大的市场需求，但第二次工业革命后，西方主要国家陆续进入帝国主义，帝国主义化的国家完全沦为资本财阀的对外工具，他们眼里只有三样东西，无关税市场、煤铁劳动力资源和垄断，只有这些才能扩大生产，扩大利润和积累，他们国内的机械就能日夜不停生产工业品。在这种条件下，想以旧体制旧利益格局进行工业化已经毫无机会。第二次工业革命后，没有重化工业是不能进行全面工业化的，重化工业才能衍生出装备制造业、才能用机器生产机器，才能搞煤钢联合体、化工联合体、军工联合体，但因为这种行业本身利润不高，技术难度极大，又必须靠规模取胜，后发国家先天不足无法竞争，同时又因为关税太低，价格更无法竞争，又不成体系，只能向西方贷款购买，但贷款后又因为后续的投资不足，市场不大，只能再借贷，一旦有战争，又被迫打断等等。总之如果依靠个人资本主义模式，只能是越发展越贫穷，外债越多。

所以只能选择国家资本主义进行持续投资，咬牙投资这些利润低，但规模大、投资大、技术难度高的行业，并从重化工业开始向其他工业部门扩展，尤其是军事工业，方能保卫自己的国内市场和高关税，才能让高成本的工业品卖给本国市场尤其是农村，形成一定的循环，提高积累，而这一切都需要一条鞭从上至下的管理和组织。初期投资必须将原本就不富裕的国内资本进行集中，当然需要土地和社会革命了，只有通过革命打碎这一切，并在本就资源不足的情况下尽量将资源资本集中，加速完成工业化积累，购买技术和重化工厂，对外御敌，保卫本国市场。

中国因其本身的文化独特性，几千年中央之国的家国天下传统,天下体系核心以及非宗教的骨子里的革命性,在共产党领导下完成了推翻封建主义、帝国主义和官僚资本主义三座大山,平均土地,收归国有,完成土地革命,打倒四大家族为代表的买办财阀和大地主,没收外资租借地资产,取消以关税为核心的一切不平等条约,完成了深刻的社会革命,党支部进村,支部建在连上,党支部进公司,进各级政府,完成了组织度升维,真正实现了历朝历代,以及其他国家都没有实现的"一条鞭"。

看待一个国家是不是真正的工业化国家,有没有进一步工业化和产业升级的能力,不能只看表面,甚至不能只看其工业和制造业,要考察这个国家的国家治理模式、管理模式、积累模式、贸易模式、资本模式、分配方式等等,全局性地深入观察以及将他们联系在一起才能看清一个国家的本质。

经历了革命、建设和改革发展长周期奋斗的中国,在极其艰难的历史条件中,筚路蓝缕,已经把人类工业化体系玩得通透。站在新征程的起点上,我们要倍加珍惜这来之不易的发展成果,用更大的智慧和力气,以工业化体系的升级来推动民族复兴的伟业。

第十章　防控风险：妥善处理地产、
　　　　　金融和人口

让我们来介绍一下国家发展的中长期路线图。在经济战略方面，最重要的表述来自党的二十大报告：坚持以推动高质量发展为主题，把实施扩大内需战略同深化供给侧结构性改革有机结合起来，增强国内大循环内生动力和可靠性，提升国际循环质量和水平，加快建设现代化经济体系，着力提高全要素生产率，着力提升产业链供应链韧性和安全水平，着力推进城乡融合和区域协调发展，推动经济实现质的有效提升和量的合理增长。

改革开放的四十多年，中国GDP的平均增速达到了9.2%，堪称奇迹。如今，各项约束条件发生了变化，保持那样的速度已无可能，必须从高速度向高质量发展转型。转型的基本方向大致是：从追求总量到提高人均，从粗放经营到完善机制，从世界工厂到制造强国，从纺织玩具到芯片发动机，从先富后富到平衡充分，从东南沿海到区域均衡，从投资驱动到消费拉动，从产业参与到市场主导，从环境污染到绿水青山，从侧重欧美到一带一路。

实现以上转型升级的国家政策十分复杂，如果简略概括，大概可以用这个示意图来表达：

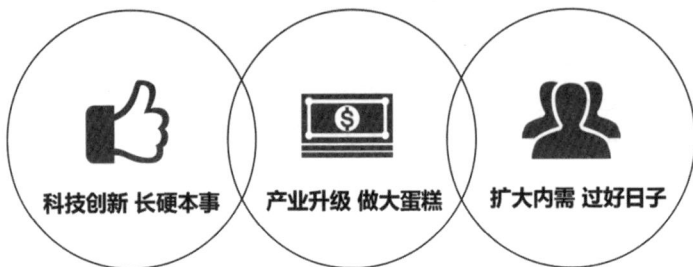

高质量发展路线图

科技创新 长硬本事　产业升级 做大蛋糕　扩大内需 过好日子

摆脱地产依赖 / 防范脱实入虚 / 应对人口危机

其中三条是进攻路线，三条是防守安排。防守就是防止后院起火，解决房地产风险；约束金融，调教资本，使其服务于实体经济；鼓励生育，安顿老人，让人口结构危机延迟到来。在这个基础上，通过科技创新和产业升级，实现国强目标，通过扩大内需，改善消费，实现民富诉求。一个大好的时代应该兼容国强民富，但这个路径不是天上掉下来的，需要持久艰辛的努力。

2023年宏观经济形势不如预期，原因很多，主要还是转型升级不太顺利。房地产的引擎趋于熄火，科技产业仍未突破瓶颈。

如果想重回2018年那个时候的繁荣，就需要放任资本扩张；资本的扩张必然会以高利润为目标，这样就需要继续抬高房价，或者是继续渗透到经济生活的各行各业，而这一切，都需要以我们国家8亿低收入群体为最终代价。

由于缺乏语言霸权（背后是500年大航海殖民带来的优势）和技术优势，我们的智力优势，只能用于国内960万平方公里。这样就极大的缩小了自己的利润基础。所以我们能取得高利润的产品（互联网、汽车、手机）都很难在海外获得高利润，一方面是使用用户不够广，另一方面是我们的定价策略比较"工人阶级"。

要改变这种局面，显然需要调整思路。不管怎么难，我们国家在外部的强大压力下，终于发生了重大变化。这种变化是 1978 年以后最大的变化，是从经济领域、金融领域、文化领域到政治领域的变化，整个国家在从以经济建设为中心，向经济和人民并重为中心转变，也是回归到我们国家的本质。然而迈出的步伐需要大家形成共识，现在的问题是共识不够。

我们先说说防守战。防守的第一个硬骨头就是从房地产模式的路径依赖中摆脱出来，争取房地产缓着陆，把关键资源和社会人心逐渐转移到科技产业的主战场去。

我们要启动经济，必须要解决房地产问题，房地产确实是经济的发动机，因为牵扯几十个行业，现在一味辱骂房地产是不对的，但是房价过高确实是一个事实。一边是地产的价格牵动着年轻人的情绪，另一边地产的发展涉及社会的发展。房价过高，年轻人不会买房，也没有发展的希望，同时压制其他行业；不卖房，地方财政无法承担现有社会的运行（比如治安、教育、医疗等）。国家从 2017 年开始解决土地信用的问题，只有地方的经济产出对土地的依赖越来越低，土地抵押价值才会越来越低。只有土地的抵押价值越来越低，才能把资金从土地上逼迫出去，进入流通市场，进而驱动经济进入新赛道。

当前，处理房地产有两个放在前面的案例：一个是日本，就是"钝刀子割肉"，日本地产泡沫后的长期痛苦让我们历历在目；还有一个就是美国，就是核动力印钞，"不要脸到极致"，美国人和英国人最擅长"一次性违约"，采用国家违约的方式，进行债务勾销，但是对于普通居民就完全不友好。美国人的这个方式，就是拿人不当人，因为剧烈的通货膨胀让美国元气大伤。

按照我国的历史经验，这两种方式都绝不可取。因为这两个方式都是损害人民利益的方式。对通货膨胀的严格警惕，是保证经济长期健康发展的关键。现在必须要破题，需要进行全新的制度设计，保护好当前我们极其珍贵的制造业升级势头。那就是要转变土地财政的方式，转为资本财政。资本财政需要被资本化的实物，这就可以扩张到除土地之外的其他方面，比如数据、水、自然环境等。当然，这个设想还需要若干年才能实现。现在需要救急，就必须要土地财政能适当"退让"一些，所谓土地财政退让，一方面就是吃财政饭的人要缩减，一方面就是地方经营环境要提升。

土地财政当前还是头把交椅，但是如果进行土地资本化，那需要房价下跌、住房租金上涨。但这又涉及房子要尽可能多的流转到市场（这是房地产税的核心目的）和租房租金对年轻人的压制问题。

土地就只有这么多，一方面要安得广厦千万间，一方面要保障粮食安全、招商引资、制造业发展，很难做到甘蔗两头都甜。住房的问题解决，经济周期的底部就基本上能够得到平衡。如果房子的问题不能解决，压在老百姓身上的这座大山不能去除，那么，就只能在经济低谷徘徊。消费这个经济发展的火车头就始终没有动力，怎么刺激都不起作用。

2021年，中国常住人口城镇化率已达64.72%，进入城镇化的中后期。我们面临的主要问题不是经济上的，而是文化上没有办法助力经济了。在城镇化上半程，多数农业转移人口就业在城镇，而生活、居住、公共服务等仍在农村，这导致了乡村社会已残破，而城镇社会尚未健全，新型的乡村治理和现代的城镇治理都不够完善。在农业社会，自给自足使社会关系相对简单、狭小和稳定，宗法式的地方化治理能够处理相对简单的亲缘与地缘关系。在城市社会，复杂的交互使社会关系相对多元、广泛和多变，需要法制化的社会治理才能处理复杂的地缘和业缘关系。城镇化模式下，人口同步实现就业、居住和身份从乡到城的转变，转移人口的社会关系也将同步转变，且随着人口转移的增长，乡村社会逐步转变为城市社会。可是商品住房价格高和保障房覆盖面窄，将影响人口城镇化需求的充分释放。当前经济发展不够的核心问题就在于这一点，就是人很疲惫。

现在不算户籍人口，跟城镇化有关系的有差不多 9.1 亿人左右，既然相当一部分人口在城镇，涉及房地产的问题就必须高度重视。目前最大的隐忧还是 2017 年以后狂飙的房地产行业将整个国家的风险推到很高的位置上。客观说，2016 年以后的经济繁荣，很大程度上是债务下的繁荣。那个时候，我们没办法，因为创新不够，就想着互联网模式创新，在硬科技方面，还是依赖美国人。美国的打压，使我们更加凝聚起来。现在大力去除债务，让大家凭真本事发展，才能看出广东为首的珠三角确实还是很厉害。

由于人很疲惫，加上有真本事的区域，又是少数区域。一些新的又是必然的思路肯定要出现：

第一，中心村将逐步城镇化，边缘村将萎缩甚至消亡。不管怎么变化，一些区位条件较好的中心村和居民点将逐步扩张升级为小城镇，成为农村居民主要栖居地和农业生产服务中心，另一些区位等条件较差的边缘村和居民点将持续萎缩甚至消亡。

第二，一些中心镇将逐步城镇化，一些边缘镇将部分衰落和消亡。在农村城镇化过程中，发达地区的中心镇、重点镇，人口稠密地区的城关镇将逐步发展为城市。欠发达地区的小城镇、边缘地区的小城镇大多数在萎缩，边缘且落后区域的小城镇就类似三线建设的城市一样走向消亡。

第三,发达区域的中心城市将持续扩张,欠发达区域的边缘城市将持续收缩。一些经济发达、人口稠密、基础设施和公共服务较好的地级和县级城市将逐步实现规模大型化和功能高级化,而一些经济欠发达、人口稀少、基础设施和公共服务较差的地级和县级城市将持续的人口流失、规模收缩,甚至会走向消亡。最典型的就是 2014—2018 年,有 507 个城市的城区常住人口保持了正增长,122 个城市的城区常住人口有所减少,这一趋势在 2022—2035 年不仅会持续,而且会增强。

第四,一些中心城市将从单中心城市演变为多中心的都市圈。继强二线城市崛起之后,一些弱二线城市也将相继崛起,与此同时,城市空间形态从单中心转向多中心。大都市圈将发展成城市群,大城市群将变成巨型城镇化地区。城市群虽在"十五"期间开始萌芽,但一直发展缓慢。2022—2035 年,城市群会到来,主要还是集中在长三角、粤港澳大湾区、京津冀、成渝等巨型城镇化地区

最后一点,东部与中部趋向一体化发展。西部大规模集中在几个点状城市,东北基本上集中在四个主要城市,河西走廊和新疆将出现规模不错的中心城市。

2023 年经济下行态势明显受房地产低迷的拖累。要想实现房地产的软着陆,还得适当刺激房地产。这不是要房价继续疯,只是要避免房价崩,根本在于财政钱不够。

一是因为存量城镇化人口的公共服务欠账多。虽然 2020 年常住人口城镇化率已达 63.89%,但户籍人口城镇化率仅为 45.1%,补齐 18.79% 的常住人口的城镇公共服务短板,财政不仅需要巨额的一次性初始支出,而且需要大量的连续性增量支出。

二是新增城镇化人口的公共服务规模大。2022—2035 年,将有 1.5 亿左右的农村人口迁往城镇,还将有 1.5 亿左右的城镇人口

从中小城市迁往都市圈和城市群，近 3 亿左右人口的迁徙需要城镇公共产品的匹配，这需要巨额的财政投入。

三是城镇化加剧了人口老龄化及其财政负担。生育、户籍等政策及变化，在创造上半程城镇化多重人口红利的同时，也带来了下半程城镇化人口过度老龄化的挑战。

因为前 30 年是依靠超级大的婴儿潮带来的城镇化，而未来 30 年，65 岁及以上的老年人口比例将增长到 30% 以上，并且 30 年以后，老龄人口比例将长期处于高位，下降的概率很低。过度老龄化将加重下半程城镇化的公共服务负担。

国家解决问题的主要策略也就这几条。严格控制资本向房地产业聚集，引导资本投向城市实体产业，防范城市空心化风险，促进城市产业多元化，繁荣城市经济。走城乡结合、共同富裕之路。一方面，推进城市产业向高端发展；另一方面，实施乡村振兴战略，用新型产业化为新型产业化提供支撑。城市群策略，重点是以城市群为中心，不让任何城市单独成为一个单体，而一定要在一个群体内发展。在城市内部率先开展再分配改革，解决城乡之间和城市内部各阶层之间的矛盾。

第二条线是约束金融，调教资本。在现代国家的经济发展中，金融和资本的功能和作用越来越大，呼风唤雨，接近无所不能。正面作用强大，负面影响也很明显。国家战略是要教金融行业正确做事，教资本家正当做人。其目的就是避免此前讨论过的美国式华尔街病，华尔街在美国充当吸血鬼，这事不归中国管；但金融和资本在中国只能输血，这事党管定了。

资本扩张的一个历史趋势最初表现为促进生产力解放和发展，表现为产业的革命性变革，推动产业结构工业化和不断升级。如从手工业到蒸汽机动力，到电力，再到信息化和智能技术等，推动了人类社会由农业社会向现代工业社会的转变，催生出大量新的产业，推动了产业结构的不断升级。

资本扩张的另一个趋势是地理空间上的扩张。例如，由城市到农村的扩张，由国内到国际的扩张，由发达国家向不发达国家的扩张等。这种扩张的直接动因是扩大商品销售市场的需要。扩张的形式从最初的直接占领殖民地到商品输出，再发展到资本的输出，最后发展到更高级的形态是国际金融资本的世界性垄断。

我们国家当前最大的有利点在于，通过40年的开放，积累了具备社会主义性质特征的资本。这种资本大部分有利于我们自己国家。但我们缺乏使用这种资本的经验和渠道。

资本有两个特点，第一个是对外扩张，这个结果是靠超级垄断利润缓和了国内的阶级矛盾，避免了自己国家无产阶级革命的爆发。但同时却把矛盾和危机转移给别人。第二个是资本由实体产业到金融垄断资本的不断升级，造成不断淘汰中低端实体产业，并进一步导致经济的金融化、寄生化，形成外围附庸国家生产，发达帝国主义国家消费的格局。这一趋势必然导致资本最终走向灭亡。

习总书记强调指出，正确把握金融本质和规律。金融是国家重要的核心竞争力，金融安全是国家安全的重要组成部分。金融活，经济活；金融稳，经济稳。经济兴，金融兴；经济强，金融强。经济是肌体，金融是血脉，两者共生共荣。金融要为实体经济服务，满足经济社会发展和人民群众需要。实现科技、产业、金融良性循环。

正确认识和把握资本的特性和行为规律。社会主义市场经济中必然会有各种形态的资本，要发挥资本作为生产要素的积极作用，同时有效控制其消极作用。要为资本设置"红绿灯"，依法加强对资本的有效监管，防止资本野蛮生长。

2023年，党和国家机构改革的重头戏就是组建了中央金融委员会，加强党中央对金融工作的集中统一领导。组建了中央金融工作委员会，统一领导金融系统党的工作。组建了国家金融监督管理总局，强化机构监管、行为监管、功能监管、穿透式监管、持续监管，加强风险管理和防范处置。

早在2020年12月，中央政治局会议就发出了强化反垄断和防止资本无序扩张的动员令。近年来，由于认识不足、监管缺位，我国一些领域出现资本无序扩张，肆意操纵，牟取暴利。这就要求规范资本行为，趋利避害，既不让"资本大鳄"恣意妄为，又要发挥资本作为生产要素的功能。要反垄断、反暴利、反天价、反恶意炒作、反不正当竞争。

随后，国家采取了一系列重要行动。2021年4月10日，国家市场监管总局依法作出行政处罚决定，责令阿里巴巴集团停止违法行为，并对阿里巴巴实施"二选一"垄断行为处以其2019年中国境内销售额4557.12亿元4%的罚款，计182.28亿元。2021年4月，人民银行、银保监会、证监会、外汇局等金融管理部门在叫停了蚂蚁金服科创板上市计划后，再次联合约谈蚂蚁集团。主要是要求蚂蚁集团必须正视金融业务活动中存在的严重问题和整改工作的严肃性，对标监管要求和拟定的整改方案，深入有效整改，确保实现依法经营、守正创新、健康发展；必须坚持服务实体经济和人民群众的本源，积极响应国家发展战略，在符合审慎监管要求的前提下，加大金融科技创新，提升金融科技领域的国际竞争力，在构建"双循环"新发展格局中发挥更大作用。2021年4月29日，人民银行、银保监会、证监会、外汇局等金融管理部门联合对部分从事金融业务的网络平台企业进行监管约谈。腾讯、度小满金融、京东金融、字节跳动、美团金融、滴滴金融、陆金所、天星数科、360 数科、新浪金融、苏宁金融、国美金融、携程金融等 13 家网络平台企业实际控制人参加了约谈。2021 年 7 月 2 日，国家网信办对滴滴出行启动网络安全审查，停止新用户注册。7 月 4 日，网信办通报，"滴滴出行"App 存在严重违法违规收集使用个人信息问题，依据《中华人民共和国网络安全法》相关规定，通知应用商店下架"滴滴出行"App。7 月 5 日，网信办对运满满、货车帮、BOSS 直聘启动网络安全审查。

2019 年起，习总书记连续三年在中纪委全会强调金融反腐。这不单是纪律检查领域的工作，更与防范化解风险、维护国家安全息息相关。金融行业金钱与权力深度纠缠，利益和资源相对集中。金融监管部门的领导干部通常具有较大权力，往往腐败高发。央行数据显示，2022 年末，中国金融业机构总资产为 419.64 万亿元，其中银行业机构总资产 379.39 万亿元。一旦案发，"受贿数十亿元"的行业腐败案件不在少数。金融行业腐败案件具有专业化特点。许多腐败分子精通监管规则、熟悉市场操作，令腐败行为具有隐蔽性。金融行业腐败具有极强的蔓延性，会向其他领域传染、扩散，可能对实体经济乃至国家安全造成冲击，可能诱发社会问题。

2023 年 5 月 18 日，国家金融监督管理总局在金融街举行揭牌仪式。党委书记李云泽讲话，全力以赴，履职尽责，全面落实服务实体经济、防控金融风险、深化金融改革三大任务，将各类金融活动全部纳入监管，努力消除监管空白和盲区，大力推进监管职责，牢牢守住不发生系统性金融风险的底线，积极营造良好的金融环境，坚决维护老百姓的合法权益，筑牢守卫国家金融安全的钢铁长城。坚决查处金融风险背后的腐败，着力打造一支政治过硬、作风过硬、能力过硬的监管铁军。

过去一年来,金融领域的反腐风暴越刮越猛。2022 年 10 月 8 日,招商银行股份有限公司原党委书记、行长田惠宇涉嫌严重违纪违法,接受审查调查。2022 年 11 月 5 日,中国人民银行党委委员、副行长范一飞涉嫌严重违纪违法,接受审查调查。范一飞是党的二十大后首"虎"。2023 年 3 月 31 日,中国银行原党委书记、董事长刘连舸涉嫌严重违纪违法,接受审查调查。2023 年 4 月 5 日,中国光大集团股份公司原党委书记、董事长李晓鹏涉嫌严重违纪违法,接受审查调查。2023 年 5 月 19 日,国家开发银行原副行长周清玉接受中央纪委国家监委审查调查。2023 年 7 月 15 日,光大集团原党委书记、董事长唐双宁接受中央纪委国家监委审查调查。2023 年 7 月 18 日,太平保险集团有限责任公司党委委员、副总经理肖星接受中央纪委国家监委审查调查。2023 年 7 月 20 日,国家开发银行原党委委员、副行长王用生接受中央纪委国家监委审查调查。2023 年 9 月 15 日,中国工商银行原党委委员、纪委书记刘立宪接受中央纪委国家监委审查调查。2023 年 11 月 4 日,中国工商银行原党委委员、副行长张红力接受中央纪委国家监委审查调查。

2023 年 9 月,中央政治局会议强调:要压紧压实党委书记第一责任人责任、领导班子成员"一岗双责"、纪检监察机构监督责任,突出加强对各级"一把手"的监督,加大国有企业、金融领域反腐败力度,深入纠治"四风",深化以案促改、以案促治,一体推进不敢腐、不能腐、不想腐。加大金融企业服务实体经济和国家战略力度,推动高质量发展。9 月 22 日,中央纪委国家监委第十三审查调查室二级巡视员汪幼勇涉嫌严重违纪违法,主动投案。该调查室承担金融、央企部门等反腐重任。

2023 年 10 月底,中央金融工作会议在北京举行。会议指出,要清醒看到,金融领域各种矛盾和问题相互交织、相互影响,有的还很突出,经济金融风险隐患仍然较多,金融服务实体经济的质效不高,金融乱象和腐败问题屡禁不止,金融监管和治理能力薄弱。金融系统要切实提高政治站位,胸怀"国之大者",强化使命担当,下决心从根本上解决这些问题,以金融高质量发展助力强国建设、民族复兴伟业。

2023 年 11 月 3 日,国家安全部重磅发文警惕金融看空。"个别国家把金融当成地缘博弈工具,屡屡玩弄货币霸权……一些居心叵测者妄图兴风作浪、趁乱牟利,不仅有'看空者''做空者',还有'唱空者''掏空者'……妄图引发我国内金融动荡……准确预判、有效防范,依法打击惩治金融领域危害国家安全的违法犯罪活动,做金融安全的坚定守护者。"

以上这一连串密集的动作,都清楚表明,给金融和资本野马套上缰绳的国家行动在提速升级。

第三条是应对人口结构危机。中国过去 40 年高增长主要是人口红利、改革红利和全球化红利叠加。2022 年新出生人口 956 万人,快速下滑只有 1990 年前后的一半。当年正常死亡人口为 1040 万人,这是中国首次出现人口负增长。1962—1976 年出生的婴儿潮人口快速老龄化,到 2050 年老年人口比例将达 30% 左右。

2022 年新出生人口为 956 万,经济学家分析说,造成新生儿下降的主要原因有三:一是计划生育长期开展,人口基数下降,使得育龄女性数量快速下降(1990—2013 年下降 50%);二是教育结构迅速提升(1990—2000 年上大学比例提升一倍),以前上大学很难,很多年轻人高中毕业就工作,接着恋爱结婚,现在大学毕业就 22 岁以上,再站稳脚跟,初婚年龄普遍推迟到 27 岁以后,生育年龄更晚;三是性别教育差距持续扩大(从 1989 年男性本科比例高于女性，到 1999 年低于女性近 10 个百分点)，女性比男性上好大学的概率大，不肯下嫁，择偶空间大大缩小。大城市的"剩女"和乡村的"剩男"结构错配，以上每一个因素都在从结构上和总体上消解 90 后和 00 后未来生育的可能性。

2023 年的出生人口，预计明显低于 900 万，出生率（出生人口/总人口）在千分之 5.6 到千分之 6 之间，总和生育率 0.9 左右，全球主权国家中仅高于韩国。根据 2023 年上半年的出生人口毛估，韩国当年出生人口会在 24 万左右，日本在 75 万左右。2022 年韩国的总和生育率是 0.78，日本是 1.26，2023 年第二季度韩国已经跌到了 0.7。

新生儿数量明显减少，劳动力跟不上，养老负担越来越重。国家需要长期考虑。2021 年，由中共中央、国务院最高规格发布了几份重要文件，如《关于优化生育政策促进人口长期均衡发展的决定（实施三孩生育政策及配套支持措施）》《关于进一步减轻义务教育阶段学生作业负担和校外培训负担的意见》《关于加强新时代老龄工作的意见》，显示人口政策优化已上升到基本国策的高度。

2023 年 5 月，中央财经委首次会议提出"以人口高质量发展支撑中国式现代化"，更加明晰人口政策方向。会议认为"我国人口发展的少子化、老龄化、区域人口增减分化具有趋势性"，决策层认为人口大势很难改变，要适应新常态。主要推动几件大事：

着力提高人口整体素质，努力保持适度生育水平和人口规模，加快塑造素质优良、总量充裕、结构优化、分布合理的现代化人力资源。

建立健全生育支持政策体系，大力发展普惠托育服务体系，显著减轻家庭生育养育教育负担，推动建设生育友好型社会，促进人口长期均衡发展。

实施积极应对人口老龄化国家战略，推进基本养老服务体系建设，大力发展银发经济。

现代国家普遍面临人口生育压力。原因之一是现代社会太多有趣好玩的事情，对比之下，生养孩子就太难太苦了。在中国，房价的过快上涨，对结婚和生育都构成了显而易见的冲击，城市家庭普遍鸡娃的内卷模式，更让年轻人不寒而栗。这些都是新常态，很难逆转。

有人说，既然这么难，为何还要管控生育三个，而不是彻底放开？其实，国家思考过这个问题。假设现有条件下完全放开，最终受益的只有两种人。一种是超级富豪，对他们来说孩子越多越好，成本根本不是问题。富人生一大堆孩子，对其他阶层就构成了很大的冲击。一种是真穷人，也无所谓，多个孩子多双筷子。国家扶贫的担子就更大了。对于社会中间阶层，生养三个已经是极限了。

就目前数据来看，整体效果还不明显。国家还得继续努力采取积极措施。要推动新的生育政策落地见效，可以有几种思路。一种是直接补贴。对于大城市来说，补贴太多给不起，补贴太少没有意义，但对中小地方来说可能有用。国家在甘肃和广西地区进行过试验，小朋友从 0 岁到 6 岁，对家庭补贴大约能达到 10 万元。如果生养竟然"有利可图"，会对特定人群产生强大的吸引力。如果不能直接补贴，那就得"接管"和分担家庭的成本，例如半岁以后孩子的入托问题，托儿所幼儿园费用降低的问题等。

国家强力推动的进一步减轻义务教育阶段学业负担和校外培训负担，有些家长看不懂，不理解。他们觉得高考指挥棒不变，减这个有什么用？国家的思考跟家庭不同。如果家里只有一个孩子，输不起，家长不敢放手。如果两三个孩子，生态会好不少。但对国家来说，新生儿总量在那里，总会有人成才成功，落在谁家并不重要，国家有人可用就行，它主要算总账。从总账的角度看，家庭拼命砸钱鸡娃，既浪费钱，也伤害人。长期看，随着60—70后老人大量退休，基数少了很多的年轻人未来就业压力肯定大幅降低，加上国家发展带来的福利效应，生活压力也会明显改善，鸡娃的性价比会显著下降。但鸡娃的负面效果却愈发不堪承受。例如，全国小学生近视率已经达到了4成，初中生自杀比例上升迅速，家长躁狂或抑郁的比例也在攀升。社会没有看到积极效果，却要承担两代人的伤痛。所以，在国家层面，给孩子减负的意图是诚恳的。让孩子们有一个欢快的童年，对孩子们长大以后愿不愿生育，也有非常大的影响。如果整整一两代孩子童年压抑，未来还指望谁来生养呢？在这个意义上，双减政策甚至就是人口政策。至于高考指挥棒，也将适时调整。基本思路是，在初中以前，尽量实现教育普惠和公平，通过减少考试评估，来降低内卷强度。高中之后，孩子们的学习能力和潜力基本能识别，再加大力度，优秀孩子进入好大学，培养成国家精英；多数孩子分流成为有技能的有用之才。课外培训市场的资本化扩展，掏空了家庭的钱包，助长的只是抢跑效应。家庭把课外培训花掉的大钱用在美好生活上，不是更值得么？国家算大账，家庭算小账。

此外，家长们的焦虑，还因为普遍高估了鸡娃的成效。按照科学家长期研究和最终的结论，家庭和学校对小孩未来前途的影响，其实都非常弱小。孩子成长能达到的高度主要由三个方面因素共同决定，首先是遗传基因，智商在全社会正态分布，并不遗传，孩子聪明与否，与家长不直接相关，多是命运的偶然。穷人父母也可能生出轻松考上清华的孩子，两个清华毕业的父母，孩子可能也考不上211大学。其次是内驱动力。一切外在的引导、约束和安排，都不如孩子的内生动力强大。厉害的孩子是来报恩的，响鼓不用重锤；操心的孩子是来报仇的，用尽力气也难以前行。其三，家庭和学校的功能，主要是为孩子们提供必要的条件和辅助，让聪明孩子走得好，让普通孩子养成好习惯。科学家曾长期追踪，发现同卵双胞胎的孩子，因为战争或其他原因分开，在不同家庭和环境下长大，最终成就差不多。

社会的发展也不是一直迅猛跳跃，温吞水模式才是常态。中国在过去四十多年经历了最陡峭的上升，使得很多人相信努力就能成功，逆袭就是命运。但残酷的趋势可能是，以后很难有这样的机会了。国家发展缓坡上行，拼劲全力和比较努力的结果可能差不多，主要随着时代的平台向上发展。

家长们拼命努力，是想让自家孩子考个好大学。就职业生涯而言，好大学的标签，主要在找工作的那个当口作为敲门砖最有用，以后的效用就大大降低了。关键还是有本领。

在人工智能愈发发展的未来社会，我们努力的方向可能要做些调整。OpenAI 研究人员发文称，约 80％美国人的工作将被 AI 影响。中国研究者使用了过去 8 年的数亿条招聘数据完成了这个研究，看中国哪些职业最有可能被 GPT 之类的大语言模型和其衍生品替代。花好长时间学会算术、学会写作、学会画画、学会编程、学会做好看的 PPT、学会看 X 光片、学会写法律文书、学会很多种语言并且自如地交流……这些人类以此为傲的东西，在 AI 看来，一文不值。人们在一个行业上积累的经验、学到的技巧、掌握的诀窍，是被大语言模型首先替代掉的东西。在这些方面，AI 确实已经实现甚至超越了人类。

生育率降低对现在的中国来说是一个社会学问题，不仅仅是一个算术问题，因为涉及非常复杂的多种变化。比较经典的说法就是"现在生孩子那么少，以后怎么继续维持工业化？都没人下工厂了"，错得离谱，以后的确不需要太多人下工厂，工业机器人干活就行，效率还更高。

2023 年，青岛港首次启动矿石全流程自动化的装船作业，这也是国内首条矿石自动化装船作业流程。装船机自动化升级改造使司机在舒适、明亮的室内就可以完成整个装船作业，消除了人员上下大机的安全风险，改变了工作环境，降低了劳动强度，自动化作业实现了装船机在舱内根据流程自动计算，减少了偏载风险，实现了平衡装船，提高了装卸效率，经测算，自动化作业比人工效率提高 6％左右。目前钢铁企业里相当多的巡检，维护以及危险场所都是机器人上了，不需要人工，百万吨用人数稳步下降，同时越来越多的非生产性工作都外包给专业公司做了，其他流程性工业部门也一样。

2022 年，中国新安装了 29 万台工业机器人，占全球新安装数量的一半以上。其中很大一部分用于汽车生产，尤其是电动汽车制造。比亚迪等公司扩大生产规模的速度推动了中国国内的机器人生产。根据国际机器人联合会的数据，2022 年，亚洲占新增机器人安装数量的 73％，日本的新增机器人安装数量达到 5 万台以上，是仅次于中国的第二大工业机器人市场。

工业化机械化也需要人操作，总有机械化自动化智能化取代不了的职业需求，生产力改变必然要面临生产关系调整。不同时代有不同人口结构特点，不同时代人类生存价值和生存目标也会变化。老龄化和少子化是高生产力需要经历的一个变更过程，在原有的大人口基数上变更以形成新的适配和平衡。

为了人口结构调整，有些事情需要更新观念，调整行为，这是基本面，也是远期策略。未来，我们要关心孩子成长的小环境，还要关注国家发展的大格局。

第十一章　突围路径：科技创新长硬本事

　　第二次工业革命之后，社会化大生产剧烈，生产力极大释放，工业品生产效率巨幅提高，社会工业部门大量增加，然后就是市场不够了，怎么办？消灭别国的产能，争夺别国的殖民地和国内市场，那么就能垄断工业生产了，就有资源和市场了，就可以继续工业化了，就可以继续产生资本利润了，就这么简单，那当然要进入帝国主义争霸了，于是才有两次世界大战。工业化之后就是利润驱动，不同的生产力阶段催生不同的意识形态需求和利润计算方式而已，左的，右的，民族主义的不过是分配利润的方式区别，是蛋糕如何做，如何分，如何抢别人蛋糕，如何保护自己蛋糕的问题，归根到底就是经济问题。

　　习总书记说，当前我国经济发展环境出现了变化，特别是生产要素相对优势出现了变化。劳动力成本在逐步上升，资源环境承载能力达到了瓶颈，旧的生产函数组合方式已经难以持续，科学技术的重要性全面上升。在这种情况下，我们必须更强调自主创新。因此，在"十四五"规划《建议》中，第一条重大举措就是科技创新，第二条就是突破产业瓶颈。我们必须把这个问题放在能不能生存和发展的高度加以认识，全面加强对科技创新的部署，集合优势资源，有力有序推进创新攻关的"揭榜挂帅"体制机制，加强创新链和产业链对接，明确路线图、时间表、责任制，适合部门和地方政府牵头的要牵好头，适合企业牵头的政府要全力支持。中央企业等国有企业要勇挑重担、敢打头阵，勇当原创技术的"策源地"、现代产业链的"链长"。

国家战略是，坚持创新在我国现代化建设全局中的核心地位，把高水平科技自立自强作为国家发展的战略支撑，面向世界科技前沿、面向经济主战场、面向国家重大需求、面向人民生命健康，深入实施科教兴国战略、人才强国战略、创新驱动发展战略，完善国家创新体系，加快建设科技强国。

过去中国人均 GDP 从 1000 美元上升到 1 万美元，山寨模仿基本够用。现在要从 1 万多美元提高到人均 2 万、3 万甚至 4 万美元，旧模式就完全不够用了。以汽车产业为例，假设日本每卖出100 万辆车，就可拉动人均 GDP 上涨 1 万美元。但中国卖出同样多的车，人均只能拉升 1000 美元。这是多么困难。再举一个更清楚的例子，过去，中国的医疗器械水平很低，核磁共振仪这种常规设备都造不出来，只能进口。我们从西门子或者通用公司采购，每台设备 3000 万元。最近，中国已经实现了核磁共振仪的国产化规模量产，我们的价格是 300 万元。搞不定就要花 3000 万去进口，搞定了价格就跌到 300 万，让西方大公司再也赚不到超额利润。中国人喜欢羡慕西方国家的民众，收入高，又不卷。这背后的机制是人家有很厚的老本可以啃。等中国在越来越多的领域追上去，把他们的超额利润普遍打下来，你看他们还会不会卷起来。但是，我们的目标不是西方有的我们也要有。卖 300 万一台核磁共振仪解决不了收入增长的核心问题，我们要搞出西方国家没有的领先高科技，高价卖给他们来获取领先利润，这才是未来的目标。这个目标比模仿追赶难太多了。

困难加大的重要原因是现代科技已经很长时间原地踏步，基础科学甚至五十年来都裹足不前。20世纪初，爱因斯坦靠天才头脑和纸笔计算，就能洞察宇宙规律。如今大国投入几十个亿搞大科学工程，也只不过能证明爱因斯坦对了还是错误。大多数国家都玩不起科技创新了。过去，美国很容易吸纳全球资金，也建立起了相当出色的风险投资体系，搞出了不少重要突破，使得美国保持了长期领先。但如今的美国呈现了疲惫之态，亮眼的新科技越来越少，灯塔逐渐暗淡。今后的更长时间，中国要担负起人类的重任，更好地砸钱砸人砸时间，也是为自己的命运升级去拼。

2018年5月，习总书记在全国两院院士大会讲话中发出号召：中国要强盛、要复兴，就一定要大力发展科学技术，努力成为世界主要科学中心和创新高地。自力更生是中华民族自立于世界民族之林的奋斗基点，自主创新是我们攀登世界科技高峰的必由之路。

党的二十大报告也专章部署，要实施科教兴国战略，强化现代化建设人才支撑。教育、科技、人才是全面建设社会主义现代化国家的基础性、战略性支撑。必须坚持科技是第一生产力、人才是第一资源、创新是第一动力。

首当其冲的是，要健全社会主义市场经济条件下新型举国体制，充分发挥国家作为重大科技创新组织者的作用，支持周期长、风险大、难度高、前景好的战略性科学计划和科学工程，抓系统布局、系统组织、跨界集成，把政府、市场、社会等各方面力量拧成一股绳，形成未来的整体优势。

1941年，珍珠港事件爆发。次年，曼哈顿原子弹研制计划实施，标志着美国"大科学"研究的开始。曼哈顿工程历时3年，工作人员超过15万，总投资25亿美元，最终使原子弹由假想成为现实。1957 年,苏联人造卫星上天,美国随即掀起以"阿波罗"登月计划为标志的第二次"大科学"研究浪潮。阿波罗计划历时 12 年,高峰时有 30 万人参加,耗资超过 250 亿美元,最终将人类送上了月球。可以说,正是这两大工程铸就了美国全球科技强国的地位。

二战后,被誉为"二十世纪美国科技总工程师"的瓦涅尔·布什向白宫提交《科学:无尽的前沿》报告,奠定了美国科技政策的基石。报告建议:在科研投资方面,首次确立联邦政府对科研的承诺,成为二战后联邦政府科研资助体系的根基;在科研规划方面,将基础研究视为技术进步的"心脏起搏器";在科技转化协作方面,提供了政府—产业—学术界合作关系的政策框架,形成政府资助为支撑、大学基础研究为创新引擎、产业研发为经济增长点的协作系统。由此塑造了美国 20 世纪国家安全、经济、科技、文化等领域的核心竞争力。

如今,科学前沿的革命性突破,正越来越依赖重大科技基础设施,即大科学装置。大科学装置设施建设集科学技术、工业制造、材料加工、人才队伍优势于一体,代表了一个国家的综合科技实力。没有贵州的天眼,中国科学家就很难更好地观测星空;没有欧洲联手发射的韦布望远镜,人类就很难洞察更深的宇宙演化。2023 年 2 月,中共中央政治局就加强基础研究进行第三次集体学习,习总书记指出,"世界已进入大科学时代,基础研究组织化程度越来越高","要科学规划布局前瞻引领型、战略导向型、应用支撑型重大科技基础设施"。 ·

目前,中国已经布局建设 77 个国家重大科技基础设施,其中的 34 个已建成运行,部分设施已经迈入全球第一方阵。"十四五"期间,拟新建 20 个左右,大科学装置建设迎来了实现历史性跨越的快速发展期。其中的相当部分大科学装置将在两三年内启用。

届时中国科学家如虎添翼，科研能力有望获得大的提升。

在美国重返月球屡屡受挫的同时，中国深空探测未来 15 年的计划仍在有条不紊紧锣密鼓地推进。在月球探测领域，我国将实施探月工程四期，包括嫦娥六、七、八号任务，将在月球南极建成月球科研站基本型。明年计划发射嫦娥六号，实现国际首次月球背面自动采样返回。2026 年前后，还将发射嫦娥七号，着陆在月球南极，通过环绕、巡视和飞跃探测，开展资源和环境详查。将实施嫦娥八号任务，开展月球资源原位利用等新技术试验。

建设国际月球科研站。在月球表面与月球轨道长期自主运行、短期有人参与，可扩展、可维护的综合性科学实验设施。实施载人登月。目前正在开展关键技术攻关和实施方案深化论证，计划 2030 年前后实现载人登陆月球。研制建设鹊桥通导遥综合星座系统。作为其先导验证卫星的天都一号、天都二号两星，将在明年 1 月初从合肥深空探测实验室总部出厂，随后搭载鹊桥二号中继星实施发射。

在更宏大的行星探测领域，国家计划开展五大工程。一是实施天问二号小行星采样探测任务。实现对特定目标小行星的采样返回，并对一颗主带彗星进行绕飞探测。二是首次近地小行星防御任务。针对近地小行星撞击地球这一极小概率、极大危害事件，我国将对一颗数千万公里的小行星实施动能撞击，使其改变运行轨道，并在轨开展撞击效果评估，实现"撞得准，推得动，测得出，说得清"。三是发射天问三号火星采样探测器。中国科学家将实现火星采样返回，使我国有望成为首个获得火星样品的国家。四是开展木星系及行星际穿越探测，实现木星系环绕和天王星到达，深化人类对木星系和行星际的科学认知。五是开展太阳系边际探测。计划发射新型航天器，在本世纪中叶飞抵 100 个天文单位的太阳系边际。

第二个重要任务是,强化国家战略科技力量,提升国家创新体系整体效能。注重发挥国家实验室引领作用、国家科研机构建制化组织作用、高水平研究型大学主力军作用和科技领军企业"出题人""答题人""阅卷人"作用。他们需要奉命担当,立军令状、接任务书、定时间表。

国家实验室是国家科技创新体系的重要组成部分,是开展基础性、前沿性、战略性科技研究的重要基地。要强化国家实验室的引领作用,首先,要加强国家实验室的顶层设计,明确其发展战略和目标,优化科研布局和资源配置。其次,要加强科研队伍建设,吸引和培养一批具有国际视野、创新能力的顶尖科学家和团队。最后,要加强科研平台建设,提升科研设备的先进性和完备性,为科研人员提供更好的科研条件。

国家科研机构是国家科技创新体系的重要组成部分,是开展应用性、产业性科技研究的重要力量。要发挥国家科研机构的建制化组织作用,首先,要明确国家科研机构的职责和定位,加强其与产业界的联系和合作,推动科研成果的转化和应用。其次,要加强科研项目管理,建立科学的项目评估机制和经费管理制度,提高科研经费的使用效益。

高水平研究型大学是国家科技创新体系的重要组成部分,是培养和输送高素质创新人才的重要基地。要加强高水平研究型大学主力军作用,首先,建立优秀人才培养体系,通过设立奖学金、提供实践机会等方式,激励和帮助学生发掘自身潜力。其次,推动学科交叉融合,鼓励不同领域、不同学科的师生进行合作,激发出更多的创新火花。最后,加强产学研合作,与企业、研究机构建立紧密的合作关系,共同推动科技创新和人才培养。

科技领军企业是国家科技创新体系中的重要力量，它们既是科技创新的"出题人"，也是"答题人"和"阅卷人"。要发挥科技领军企业的作用，首先，鼓励企业加大研发投入，针对国家和市场需求，提出具有前瞻性和引领性的研发课题。其次，支持企业开展关键核心技术攻关，通过政策引导、资金支持等方式，推动企业解决制约产业发展的关键技术难题。最后，加强企业间的协同创新，推动产业链上下游企业之间的合作，形成创新合力。

地方政府不能闲着。各地区要立足自身优势，结合产业发展需求，科学合理布局科技创新。支持有条件的地方建设综合性国家科学中心或区域科技创新中心，使之成为世界科学前沿领域和新兴产业技术创新、全球科技创新要素的汇聚地。

国家已经准备了两个大红帽，一个是综合性国家科学中心，一个是区域科技创新中心。谁相应实力强就给谁。之后，国家配套一揽子政策资源红利包。过去，地方政府为了经济增长竞争，拼命追求 GDP 和财政收入，以后，聪明的地方也可以在科技赛道上另辟蹊径，弯道超车。

科技攻关要坚持问题导向，奔着最紧急、最紧迫的问题去。基础研究坚持目标导向和自由探索"两条腿走路"。支持顶尖科学家领衔进行原创性、引领性科技攻关，努力突破关键核心技术难题，在重点领域、关键环节实现自主可控。

解决思路是，从国家急迫需要和长远需求出发，在基础原材料、高端芯片、工业软件、农作物种子、科学试验用仪器设备、化学制剂等方面关键核心技术上全力攻坚，加快突破一批药品、医疗器械、医用设备、疫苗等领域关键核心技术。这里主要是一些卡脖子项目，必须逐一突围。

在事关发展全局和国家安全的基础核心领域，瞄准人工智能、量子信息、集成电路、先进制造、生命健康、脑科学、生物育种、空天科技、深地深海等前沿领域，前瞻部署一批战略性、储备性技术研发项目，瞄准未来科技和产业发展的制高点。优化财政科技投入，重点投向战略性、关键性领域。

如果只关注眼前，即便这些难题都解决了，人家又走到前边形成优势，还是可以挖坑设卡继续围堵，悲剧还会发生。所以，需要瞻前顾后、思前想后，在更大的范围砸钱砸人砸时间，通过广撒网来提高收获的概率。

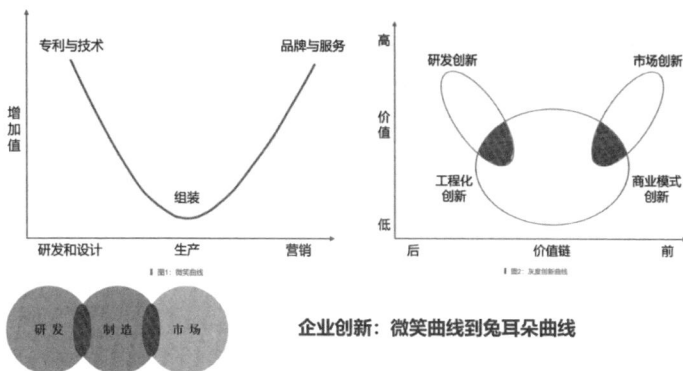

| 图1：微笑曲线

| 图2：灰度创新曲线

企业创新：微笑曲线到兔耳朵曲线

加快实施创新驱动发展战略，推动产学研深度合作，着力强化重大科技创新平台建设。特别是强化企业主体地位，推进创新链产业链资金链人才链深度融合，发挥科技型骨干企业引领支撑作用，促进科技型中小微企业健康成长，不断提高科技成果转化和产业化水平，着力打造具有全球影响力的产业科技创新中心。

过去企业忙着赚小钱块钱，今后要不断突破，往高处走，往利润更大的战场去。国家也要给予相应的政策支持和资源引导。

企业创新和利润的关系，有两个经典的曲线。一个是微笑曲线。微笑曲线是一个描述产业附加价值的理论模型，由台湾宏碁集团的创始人施振荣先生提出。在这个模型中,产业附加值更多地体现在两端的研发和销售环节,而中间的制造环节附加值相对较低,劳动不值钱,形成一条微笑的曲线。例如,苹果公司专注于产品的研发和设计,以及品牌的营销和管理。它并不直接从事大量的制造工作,而是将这部分外包给如富士康等公司。因此,苹果公司在微笑曲线的两端赚取了高额的利润,而在制造环节的附加值相对较低。特斯拉公司也类似,专注于电动汽车的研发和设计,以及直销模式的销售。它在制造环节也具有一定的技术含量,但主要的利润来源还是研发和销售环节。因此,特斯拉公司的微笑曲线也呈现出两端高中间低的形态。在微笑曲线模型中,研发和销售环节是附加值较高的部分,而制造环节的附加值相对较低。因此,对于企业来说,要想提高附加值和利润,就需要更多地关注微笑曲线的两端,即加强研发和设计能力,以及提升品牌和营销能力。

另一个是兔耳朵曲线。创新的高度跟利润的强度正相关。最高端的兔耳朵主要做两件事:无中生有,从零到一。这种性质的科技突破,一旦匹配需求,都将产生空前的领航者利润。中国以前不擅长这一类创新,我们在次一档次,无中生有不会,从有到好到很好会;从零到一不太会,从一到一百到一百万会,山寨模仿,规模生产。一旦中国人学会了,都会把产量提升到过剩,价格打到白菜价。但这种情形下,利润不足以满足中国人的共同富裕理想,还得挣扎得做兔耳朵,去解决无中生有从零到一的原创问题。

如今,中国企业创新优势来自三大要素的合力:成熟的生产制造能力、规模庞大的本土市场和迅速崛起的科研水平。中国制造业发达,能够迅速实现创意的产品化,是创新者的一个福音;市场规模巨大且多样,让中国能比其他国家先碰到各种问题,企业家就有机会先去思考和寻找解决方案；科研经费助力科研实力抬高水位，全社会研发投入77％来自企业。

世界科技强国必须能够在全球范围内吸引人才、留住人才、用好人才。我国要实现高水平科技自立自强，归根结底要靠高水平创新人才。要构筑集聚全球优秀人才的科研创新高地，完善高端人才、专业人才来华工作、科研、交流的政策。过去国家穷，自家优秀的孩子都留不住。以后不仅要更好地留住人，还得满世界去抢人。美国可以封杀产品，但很难控制人的流动。最好的光刻机买不到，懂光刻机的顶尖科学家工程师，理论上都可以挖得来。知识不需要重复发明，用对了人才，就能节约时间，少走弯路。

要建立"卡脖子"关键核心技术攻关人才特殊调配机制，制定实施专项行动计划，跨部门、跨地区、跨行业、跨体制调集领军人才，组建攻坚团队。发挥国家实验室、国家科研机构、高水平研究型大学、科技领军企业的国家队作用，加速集聚、重点支持一流科技领军人才和创新团队。围绕国家重点领域、重点产业，组织产学研协同攻关，在重大科研任务中培养人才。优化领军人才发现机制和项目团队遴选机制，探索新的项目组织方式，对领军人才实行人才梯队配套、科研条件配套、管理机制配套的特殊政策，加快"卡脖子"关键核心技术突破。

创新不问出身，英雄不论出处。要改革重大科技项目立项和组织管理方式，实行"揭榜挂帅""赛马"等制度。要研究真问题，形成真榜、实榜。要真研究问题，让那些想干事、能干事、干成事的科技领军人才挂帅出征，推行技术总师负责制、经费包干制、信用承诺制，做到不论资历、不设门槛，让有真才实学的科技人员英雄有用武之地！过去，国家资源有限，重大项目一般只能给国家队，最好让院士领衔。但国家队数量少，院士也稀缺，资源能去的地方就太少。很多年轻人连报名的机会都没有。然而，创新这样的事情，可能自古英雄出少年，或许初生牛犊不怕虎，需要修改游戏规则和项目组织方式，让年轻人有出人头地的机会，让成败而不是名气来论英雄。

我们举个例子说说啥叫赛马。2020 年 2 月底，武汉疫情进入了紧张时刻，科学家向中央上书说，行政管控只能管一时，疫苗药物研发才能管一世，终究要靠科技。中央请科学界拿出报告。随后，科学家跟中央陈述，疫苗研发全球有 5 条路线，每条路线所需的投入水平、人力储备、成功概率等都做了精细的计算，请中央做选择题。通常情况下，中央会 5 选 1 或者 5 选 2，但那一次没有做选择题，中央表示 5 条路线全压上。当时首席科学家惊住了，担心要花很多钱。中央说，钱的事不要操心，关键是组队出发。这次决策的背景是，中央非常明白，虽然行政管控美国比不上我们，但疫苗和药物研发绝对领先我们。要是美国率先研发出高效疫苗，甚至解决神药，而我们一无所有，美国肯定会干两件事：卖到天价，拼命撸羊毛；或者坚决不卖，让你痛苦悲伤。这两件事情后果都很严重，因此中央不愿意做选择。小国才做选择题，大国都是我全要。既然有 5 条路，那就所有路线都出发；既然不清楚谁挂帅更好，那就全部英雄都上马。这就是赛马体制，或者叫饱和式研发。事实证明，我们的战略相当成功。中国率先推出灭活疫苗，美国既不能掐脖子，也没法发国烂财。我们还把疫苗低价供给或赠送广大发展中国家，展示了大国的善意与担当。

在这个阶段，我们不仅要培养科学家，还要培养技能人才和能工巧匠。要探索形成中国特色、世界水平的工程师培养体系，努力建设一支爱党报国、敬业奉献、具有突出技术创新能力、善于解决复杂工程问题的工程师队伍。必须调动好高校和企业两个积极性。高校要深化工程教育改革,加大理工科人才培养分量,探索实行高校和企业联合培养高素质复合型工科人才的有效机制。企业要把培养环节前移,同高校一起设计培养目标、制定培养方案、实施培养过程,实行校企"双导师制",实现产学研深度融合,解决工程技术人才培养与生产实践脱节的突出问题。过去中华民族特别喜欢读书人,学而优则仕。人跟人总有差别,有些人读书好,有些人动手能力强,但过去读书不好的人往往被认为没有前途。从国家发展和社会需求来说,这种错误观念必须要修正。无论是学校、家庭还是社会,都要给他们提供不同的成才道路和人生选择,让人尽其才。

创新还特别仰仗天才。华为任正非有一个重要的说法,他说华为的精英有两类:优才和天才。优才遵循常规管理,激励约束到位就行。但天才要用好,别有心得。任总把华为的心得总结为两句话:寻寻觅觅找他,安安心心宠他。天才不可能随便招聘得到,要像伯乐一样,带着千里马的图谱,踏破铁鞋,到处去找,付出巨大诚意和代价去挖。天才来了以后,需要提供宽松的氛围和自由的探索环境。一般人都需要管理,天才和优才的最大区别就在于他们无需管理,自带动力。他们知道自己是谁,想要什么,要怎么做。更重要的是,由于创新成功的极低概率,还要容忍天才使用中的浪费和失败。任正非说,企业在天才的使用上,不能在个案上计算投入产出比。例如,企业为这个天才付出了多少钱,没有收回来,这么算不对,要算总账。例如,华为在莫斯科数学研究院安顿了100位天才,其中80位最终也没能做出大的贡献,十几个人贡献还行,有几个人大放异彩,就靠这几个人的成就,所有投入全部收回,还获利巨大。这本账就很好。

第十二章 强国重点:产业升级做大蛋糕

国内财富平衡的问题。我们可以部分解决,但是存量的矛盾,总是大于增量的矛盾。可以解决的例如,垄断企业或者是国有企业的降薪问题,加快教育和医疗的反腐,从而降低成本的问题。不过这些问题,都是在存量里打转。

我们利用疫情三年的契机,避开了美国人在经济领域凶猛的进攻,内部也统一了思想。美国从正面进攻不动,开始转化为从侧翼进攻。美国希望把欧洲、日本推到前面,进而从资本市场进攻,阻断我们获得资本的能力。

欧美500年来掠夺那么多财富,我们只能赚取一部分,这个怎么办?还是要大力度打开国门,开放才能做生意。但正如1970年美国收缩一样,现在的我们不仅没有享受到美国收缩的红利,反而在面前又有了韩国和日本这两个敌意较大的国家。

美国民主党从2020年来干的事,鼓励大银行兼并中小银行、鼓励超级科技巨头们的扩张。从普通人的角度来看,这简直让人窒息,因为存在银行的钱没了,或者说创新的土壤也没了。但是民主党不在乎,因为这些头部企业估值飙升,直接带动了美国资本市场的繁荣,只要资本市场繁荣,一切问题都不是问题。换句话说,民主党短期内为了执政,其实把问题丢给了以后。2021年为啥持续借钱、发钱呢？本质上就是一方面用巨额的国债和资本市场泡沫向这个世界的未来借钱，一方面把借来的钱硬塞给当下的企业和民众，推动生产和消费双繁荣。在这种繁荣下，变相将问题推迟爆发，保持了在执政期间的稳定。

我们的做法是相反的，因为我们没有美国那种强大的金融能力，只有在产业升级上更加坚决。我们跟美国的调整都有类似的地方，核心都是：以新换旧。

作为美国，它是让银行和债券持有人，躺着赚钱不生产财富的老钱出血，进而换血给新钱。作为我们，是让大量没有科技含量和劳动生产力过于低下的普通产业转移，从而给新生的科技群体创造空间。

美国人为什么比欧洲和英国更早的渡过通胀，或者说现在有点渡过的眉目了。措施有三个：第一就是加息，一方面从世界吸血，一方面抑制需求。第二就是转移，坚决从中国转移生产线，进而转移到墨西哥和东南亚，这样一方面可以形成对中国的反对圈，另一方面对我们国家的就业产生巨大的影响。第三就是科技，将内部的大部分资本全部驱赶到高新技术上，力争在新一代技术上取得突破。这些思路基本上我们都看懂了，但对我们的影响也非常大，最典型的就是国内的钱出不去，投机在房地产上，让我们像是一个胀气的病人；科技进步的速度也没有想象中快，更多是解决了有没有的问题，但是好不好的问题还没有解决。我们应对的方式就是尽全力解决科技攀登的问题。

但是国内的就业问题却没有找到更多合适的方式。根本问题是，科技的攀登其实是不需要太多人的，此外，我们教育仍然不符合形势。当前，无论是中国还是美国，受益于这一次开放的，仍然是头部群体。

就美国来说，主要是大财团和科技头部企业，它们撑起了美国的支柱，而我们来说，所有的政策也是有利于科技企业（资本市场）和 18—20 个左右的头部城市（房地产政策），2008 年和 2015 年那种涉及全国的政策不会有了。

主要原因是，美国人创造的财富增量几乎没有，而我们也几乎没有什么财富增量。这种纸面上来自中央银行印发的纸币不算。原因就在于双方的科技基本上都停了。就算是互联网，大家听到的名字都是 5 年前的，这 5 年基本上没有新的可以影响全局的名字出现。那既然这样，财富就只能横向移动。要么从一部分人手中转移到另一部分手中，要么从一个时间段转移到另一个时间段。

为此，美国人需要战争，这个能创造巨大财富的机器；而我们需要国产替代，这个基本上能把国内所有产品全部更换一次的机器。

对中国而言，汽车业的特斯拉、航空航天的 SpaceX、互联网的 Starlink、新能源的 SolarCity、交通运输的 Hyperloop、基础设施的 Boring Company、人工智能的 OpenAI 基本上国内都有对应的公司。而海外而言，我们在对非洲开展工业化输出后，应该更多输出的是新能源和基础设施建设。现在的情况就是这样，我们在等科技的攀升，不管如何都要等到结果；美国人在等战争的大规模升级，不管如何都要升级。各自为了各自的钱袋子。

眼下的经济低谷，可能是掩护我们产业升级的最好保护。

我们国家经济发展的三驾马车，即出口、投资与消费，如果按照原来的模式下去，经济动力是越来越弱，但是为了维持解决就业和产业升级，必须全力维持出口、投资与消费的增长。但现有出口、投资与消费如果维持现状，只能维持基本盘的稳定。只有技术的注入和新模式的改变才能释放红利。我们国家的经济基本盘非常稳健，无论是经济风险还是金融风险，都在控制范围内，但是这一次产业转型升级，主要是我们跟美国在引领全球的产业革命，而且之前我们没有参与过产业升级，经验几乎为零，所以在升级的过程中，我们投入的人力、资本、技术要超过西方，导致我们这几年的经济发展非常吃力。我们不具备美国强大的影响力与主导权，所以无法模仿美国的全球财富收割模式，因此，只能集中精力在国内实在创造价值，而无法眼馋美国人那种模式。这也导致相当一部分不愿意踏踏实实在国内创造价值的人会对我们冷嘲热讽，这很正常。

在这三年的疫情防控中，国家淘汰了很多原有的产业（更多的是避免了来自西方利益集团的干扰），从而能够彻底拖垮管理松散、竞争力较低的夕阳行业与僵尸企业。当前国家比较担心的是就业，特别是年轻人的就业。国家的教育不适应我们的产业发展，相当一部分大学生不具备自己独立生存能力。但是高等教育放大了对社会的期待（此外高房价压制了年轻人的创造能力），同时，1993 年—2016 年全国性的大繁荣，导致整个社会形成了一个错觉，那就是"社会发展红利的分配以普惠形式"得以呈现，让绝大多数人认为自己可以挣钱。

当前，经过疫情，应该是让地方政府这个最大利益群体认清了事实，大家对于旧行业的摈弃态度得到了空前的统一。在新行业面前，我们跟美国将共同主导第四次工业革命（因为互联网这 20 年的红利，只有中国和美国瓜分了）。但是双方争夺的核心，就是这个红利中国和美国各自能占多大？由于美国始终把握着全球政治局势的控制权，所以即便我们在这个产业竞争中取得了优势，还要在未来较长时间始终面临激烈竞争。

在这一轮竞争中，应该只有理工科（芯片、航天、航空、医药、化学、环境、天文、计算机、物理、数学等等)和少部分文科毕业的就业者，能够获利，不会再出现之前全民从房地产获利的局面了。获取的巨额利润，国家将会通过二次分配形式，再反馈到居民手中，这也是前面 20 年得到的经验。

遗憾的是，社会整体上还没有"脱西方化"以及作风"漂浮化"，社会思想没有对转型升级注入足够的活力。

学术研究的自嗨和体制内的内卷如今已然非常明显。以学术为例，固着在一定的水平不断自我重复，既无突破式发展，也无渐进增长。看上去热闹，但是巨大的人力物力投入，到底产生了哪些能走出去宣扬中国精神的？哪些能启发人民，让大家精神为之一振的？乏善可陈。有的喜欢把学术搞成工程模式，进行快捷组装。有的一味从西方翻译行话术语，一般人看都看不懂，自己圈子内部开始炫技。有的单纯用数学代替人性，只要数学公式证明了，那就是论文达标了，根本不管社会现实是什么，数学学的挺好、英文单词认的也挺多、VLOG 拍了不少，但是不解决问题。1940 年、50 年代的学者，在复杂斗争中摸爬滚打，了解社会真相，也有知识分子情怀，虽然没有太多的专业训练，但是看问题非常透彻。1970 年代的知识分子，就已经开始向"资本看齐"。而有些 80 后、90 后搞学问的，搞学问还不如搞课题，研究基层还不如研究自己怎么鸡娃，对人民的情感非常弱。

我们国内的宣传口，往往还有不少这种人，看上去成绩很好，但是在立场、视野、观点上往往很难跟上时代，表达出来的观点恨不得都是自我矮化，这浪费了我们很多精力。

过去 40 年国家的经济发展成绩很多，但是问题也很大，太过于急功近利，导致无法沉下心来干事情。现在我们需要抓住难得的机会，从而缩短跟西方的差距，但是这种社会风气形成后就很难扭转。留给我们的时间并不多，留给美国人的时间也不多。我们的时间主要是尽快解决房地产的问题，美国人的时间主要是通过加息拉爆金融，现在看来希望不大，但是美国人的加息迟早要收割欧洲和日韩。所以中美双方的关键争夺还在工业升级。我们会让相当多的工业企业上市，特别是有自己绝活的企业。原来那些互联网服务类企业就没什么机会了。这种变革，让相当一部分年轻人要改行：从过去的互联网大厂，到小一点但是"专精特新"的企业。这很艰难，因为并不是很多人懂技术、懂技术跟互联网的结合，但这是时代的浪潮。这一波浪潮要持续到 2027 年以后，然后国家将会全力支持这些专精特新公司开拓海外市场，进而扶持非洲和东南亚地区。

因此，今后若干年，我们的核心任务是将科技创新的本领应用于产业升级的大国运之战中。国家一直在强调，经济着力点必须放在实体经济上，需要谋定战略性新兴产业，加快发展现代服务业，统筹推进新旧基建，迎接伟大数字革命。

工业化是西方现代化的灵魂，西方正在失去它。中国式现代化要把工业化战车植入我们的文明架构，打造人类史上最恢弘的工业巨兽，突破西方文明的上限。工业体系是一个国家以工业为核心围绕生产全流程的全面配套能力，涉及产业规模、分工协同、标准管理，依托劳动力资源、组织动员能力、教育科研支撑，还与治理体系和发展模式深度相关，是最重要的国家能力。国家工业体系的强弱不在于有多少工厂，而是规模性、技术性、体系性、要素成本综合起来的性价比。产业越全技术越高，上下游产业辐射能力和利润就更高。

2023 年 9 月，全国推进新型工业化大会召开。会议指出：新时代新征程，以中国式现代化全面推进强国建设、民族复兴伟业，实现新型工业化是关键任务。要积极主动适应和引领新一轮科技革命和产业变革，把建设制造强国同发展数字经济、产业信息化等有机结合，为中国式现代化构筑强大物质技术基础。做强做优做大实体经济，加快构建以先进制造业为骨干的现代化产业体系，使工业体系更健全、产业结构更优、数字技术与实体经济加速融合。

可能很多人已经不清楚，经过多年的追赶和跨越式发展，西方的重化工业和过程工业的生产过程已经不如中国先进。中国是对新技术接受度最高的国家，现在钢厂找不到不是 PLC 控制的，在西方很多国家，大量的钢厂还是搭继电器回路和手操器回路的。本来 2 面 PLC 柜就解决的问题，几十面继电器柜子在那放着，一进电气室，继电器的动静特别大，而且是那种大型的几十年的继电器。西方的财阀考虑的是利润，考虑的稳定，不考虑先进不先进。比如美国和西方的基建特别老旧，铁路总出事，为啥不改？需要花钱啊，都垄断了，为啥还要多花钱。企业家计算的是财务报表，想的是市值和如何跟股东交代，考虑怎么给自己分红。当年德国和美国能超过英国也是一样，英国还用蒸汽机干活的时候，德国上了电气设备。

二次工业革命带来的是帝国主义，帝国主义目的是争夺市场和资源，为什么要争夺，为什么要打世界大战，因为二次工业革命带来的生产力提升太快，没那么多市场，这个时候就看出市场大的重要性了。就算 AI 是第四次工业革命，谁的市场大？谁的规模大？谁的组织度最高？谁对科技接受度最高？

AI 作为悬在天上还基本不能进入工业领域的技术，投入使用之后必须要在制造业流水线上大量应用调试、二次开发才行，目前只有中国有足够大的制造业体量。这就是工业体系和规模优势，这里还有大量的硬件问题，而且需要协同。美国真是真搞工业化，就意味着不能做金融帝国，那就他 3.3 亿人的市场凭什么和中国竞争？中国可以几年就把电动车产业搞起来，西方怎么就不行？电动车是中国先搞的吗？不是。光伏呢？也不是。凭什么搞个GPT 就变成美国如何厉害了？中国的工业规模导致的算力需求和 AI 学习的量是西方加在一起都比不了的。所以，中国才是产业主导型国家。

我们现在反击的雏形正在形成。主要有这么几个正在突破的要点：

一是终于攻破了汽车这个全球资本主义头部国家牢牢把握的行业领域。下一个就是飞机。汽车行业是最大单一工业品市场，每年全球市场总规模大约 8000 万辆，3 万亿美元以上。没有哪个大国敢离开汽车产业瞎讲富强的故事，汽车产业的附加值太高，跟化妆品一样。中国 2017 年突破 2800 万辆以后，一直处于年产2500 万辆的水平，是全球第一大市场。美国一年 1500 万辆，加起来差不多就是 4000 万的水平，也就是全球容量的一半。如果我们在非洲和东南亚持续增加基础设施投入，那么再扩大一些市场，总容量突破一个亿，应该是有希望的。在增加的这 2000 万市场上，我们保持进攻态度；在存量的 8000 万市场上我们也保持进攻态势，很多事情就好办了。

以前中国生产的自主品牌国内品牌汽车，不足 1000 万辆，这其中很多都是低水平的，赶不上丰田一家的产量。现在，业界认为中国在全球的份额将从 17％ 会上升到 2035 年的 35％，欧洲从81％ 下滑到 57％，这个预测可能偏保守。当前我们国家的发展就是一个去殖民化的过程。先从国内将国有品牌做起来，再反推到东南亚、中东，再推到自己力量稍微薄弱的欧洲、南美等，也是我们农村包围城市的标志。欧洲如此害怕，导致它们在德国车展后就迅速开始反击。

新能源车这个行业，是中美联手要吃德日的肉。这两个国家汽车产业完蛋以后，尤其是日本，经济会很惨。当前特斯拉的低成本实质上就很类似当年的宜家，其实是压榨我们国产的供应链。之前技术壁垒实在是太大了，无论是燃油车还是半导体，西方各种法律、知识产权的壁垒。经过这些年的发展，懂得了一个基本道理，既然不想让我们在原有赛道比赛，那就别玩了，大家都换个赛道，反正我们有大量的市场。在技术壁垒不存在以后，规模效应非常的重要。而规模效益是中国的特长，最擅长的，毕竟我们有最大的市场在这里。有市场就有规模有技术，有一切。没有了市场，那么欧美所谓领先的皇冠也会打落尘埃。

对于高通、苹果、BBA、两田，这些公司失去规模以后，江河日下，指日可待。贸易战、制裁战，打到现在，可以宣告美国2019年提出的小院高墙战略彻底破产，因为技术壁垒被绕过去了。

二是在产业输出上，印尼的雅万高铁是一个标志性事件。印尼是伊斯兰教义下最大的海上国家，也是当前综合实力最强的伊斯兰国家之一。这条铁路比中老铁路有意义。高铁的输出类似100多年前列强帮我们修铁路，但是我们真的很善良，不附带任何殖民目的。我们在西边推进的中吉乌铁路，目的是穿越里海到土耳其，然后到欧洲；在南边的东南亚到印尼，都是基于扩大贸易。在这两条线上，我们的产业输出速度要加快，尤其是海外建厂。南边可以获得粮食，西边可以获得能源，我们有制造业，采取货物交易也都可以，这样就大幅度降低对美国人的依赖。在这个基础上，2023年9月12日"福建探索海峡两岸融合发展新路"的文件就有了基础。这个文件的核心内容是，提前在行政管理上，把台湾地区纳入到国家管理的大范畴。愿意被统战，就可以在福建全省落地发展,如果不愿意,那就等着。

中国是世界上唯一拥有联合国产业分类中全部工业门类(41个工业大类、207个中类、666个小类)的国家。在500种主要工业产品中,有40％以上产品的产量世界第一。主要原因是制造业从业人口多,现在工业品类太复杂,大部分西方国家人口都较少,如美国的3亿人。由于工业衰竭,现在直接从事制造人口已降至1000万以下,只有中国能维持至1.5亿制造业人口规模,只有中国这样的10亿级别以上人口才能通吃所有工业。

过去有人认为中国终究还是大而不强,这个观点也应该改变。中国正在壮大,正在走强。一些领域已跻身前列。光伏、新能源家电、智能手机、消费级无人机等产业已经齐头并进,一大批产业也走向了世界。如今,中国能够制造出众多高端装备,包括天上飞的、地上跑的、水中游的、粗糙的、高端精细的、军用的、民用的以及军民通用的。在当前世界上,能够同时制造出这些高端装备的国家实际上只有一个,就是中国。中国人说自己大而不强,遭到许多国家质疑:你还大而不强,与谁相比? 中国人说,难道不是与外国相比吗? 中国永远与神奇的外国相比,只要有一个外国比我们强,中国就自惭形秽,满目伤悲,这其实是心态问题。在工业领域,中国是一个学霸,选修所有功课,并期望全部功课都拿优。任何列强都只敢选修有限功课,并确保选修的有限功课拿优就满足了。

说起中国制造和发达国家的差距,若干年前,有学者向中央政府提交报告说我们太惨了,竟然连圆珠笔的笔芯都搞不定。这小滚珠看起来小巧,但它是一种特别柔韧的钢材,全世界主要是瑞士几家家族企业能造。大领导看到报告后批示要求中国钢铁公司奋力攻关。其实,这件事并不难,只是市场规模小,大企业看不上。

后来太原钢铁公司很快就攻克下来，生产了好多这样的钢，价格也打到白菜价，那些家族企业都破产了。最近还有经济学家说，连指甲刀都是德国和日本的更好用。我们应该深深的庆幸，中国的产业不是控制在这些搞经济的人手中。在拼多多上买的指甲刀，只要72元一个整套，造型漂亮，其锋利和舒适程度，德国专家也承认非常顶级。今天还沉湎在中国制造不如德国和日本，这是完全远离生活、远离产业，远离市场的想当然。

今天中国是全世界第一大造船国，第一大高铁生产国，第一大电动汽车生产国，生产了全世界最多的电池，也是全世界第一电脑生产国，第一电视生产国，第一手机生产国，第一大空调生产国，第一大冰箱生产国，第一大小家电生产国，全世界最高的桥梁90％在中国，全世界最长的地下隧道在中国，水泥产量第一，钢铁产量第一。今天的德国指甲刀其实也是中国企业代工，没有中国制造，苹果手机就无法保证品质和产量；没有中国制造，特斯拉可能已经倒闭。

站在新的起点上，中国经济要守住几个底线。18亿亩耕地红线不能动，粮食安全一定要自给。二是能源资源能买则买，能存则存。三是产业链、供应链在关键时刻不能掉链子，这是大国经济必须具备的重要特征。

在和西方强国的新一轮竞赛中，要努力扬长补短。一是要拉长长板，巩固提升优势产业的国际领先地位，锻造一些"杀手锏"技术，持续增强高铁、电力装备、新能源、通信设备等领域的全产业链优势，提升产业质量，拉紧国际产业链对我国的依存关系，形成对外方人为断供的强有力反制和威慑能力。二是要补齐短板，就是要在关系国家安全的领域和节点构建自主可控、安全可靠的国内生产供应体系，在关键时刻可以做到自我循环，确保在极端情况下经济正常运转。

我们手里要有刀,必要时要能砍人。过去我们缺口气,人家欺负我们,我们只能还嘴,不能还手。以后得有硬能力,兔子急了也能咬人。如果威胁是真的,大家就要重新谈判,互相能咬死,只能互相不咬死。

解决生存之忧的同时,要大力发展战略性新兴产业,朝着蛋糕更大的地方去争胜。其中包括:加快壮大新一代信息技术、生物技术、新能源、新材料、高端装备、新能源汽车、绿色环保以及航空航天、海洋装备等产业。推动互联网、大数据、人工智能等同各产业深度融合,推动先进制造业集群发展,构建一批各具特色、优势互补、结构合理的战略性新兴产业增长引擎,培育新技术、新产品、新业态、新模式。促进平台经济、共享经济健康发展。鼓励企业兼并重组,防止低水平重复建设。

中美两国先进制造五年规划

《中国共产党二十大报告》2022年10月	《美国先进制造业国家战略报告》2022年10月
绿色环保、新能源	清洁能源
新一代信息技术	微电子和半导体
生物技术	生物经济
新材料	新材料
人工智能、高端装备	智能制造

——发展战略性新兴产业

· 加快壮大**新一代信息技术、生物技术、新能源、新材料、高端装备、新能源汽车、绿色环保以及航空航天、海洋装备**等产业。
· 推动互联网、大数据、人工智能等同各产业深度融合,推动先进制造业集群发展,构建一批各具特色、优势互补、结构合理的战略性新兴产业增长引擎,培育新技术、新产品、新业态、新模式。
· 促进平台经济、共享经济健康发展。鼓励企业兼并重组,防止低水平重复建设。

——《中共中央关于制定国民经济和社会发展第十四个五年规划和二〇三五年远景目标的建议》

人有生老病死,四季有轮替,企业也有朝阳和夕阳。中美两国关于未来发展的先进制造业,英雄所见略同。这些高端产业的共同特点是既难且贵。中央和地方针对高科技产业的政府引导基金,近年来增长迅猛,2022年高达3.61万亿,如果再算上央企和国企的巨额投入,总规模突破 5 万亿。以前政府投资重心在基建和房地产,每年投入几十万亿。以后要从这个蛋糕里拿出大几万亿推动产业。各级地方政府即便财政再困难,勒紧裤带也都在加大投入。如果未来十年高科技产业不能全面破局,中国会被美国长久压制和定格在全球产业链和全球真实话语权的腰部。幸运的是,一些重要产业,我们已经看到了巨大的希望。

例如,新能源领域,我国已形成较为完备的可再生能源技术产业体系。水电领域具备全球最大的百万千瓦水轮机组自主设计制造能力,光伏发电技术快速迭代,多次刷新电池转换效率世界纪录。低风速、抗台风、超高塔架、超高海拔风电技术位居世界前列,10 兆瓦海上风机开始批量生产。截至 2022 年底,可再生能源装机达到 12.13 亿千瓦,占全国发电总装机的 47.3%;可再生能源发电量达到 2.7 万亿千瓦时,占全社会用电量的 31.6%。预计今年风电、光伏装机将增加 1.6 亿千瓦左右,新增已超过法国总装机量。今年中国新装太阳能光伏板超过美国历年累计。当绿电不计入能耗考核指标,还挽救了高能耗的传统重工业和轻工业,只要能升级产品就能存活,这为我国工业"全都要"提供了基本支撑。

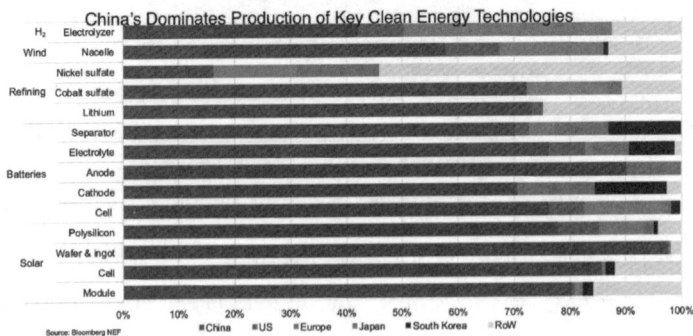

中国在清洁能源技术生产上的主导地位
China's Dominates Production of Key Clean Energy Technologies

在"阻止气候变暖"政治正确的外衣之下，"碳中和"的本质，是一场清洁能源取代传统能源的能源革命。对中国而言，这甚至是一场比半导体更重要的军备竞赛。一个国家的命运，往往和"能源体系的创新革命"紧密相关。英国崛起抓住了"煤炭体系"，美国崛起，离不开其打造的最具时代性的"原油体系"："高效炼化技术-全新输油管道-创新汽车生产线"，最终形成了"生产-传输-利用"的循环体系，大大加速了美国工业的发展。

中国的"绿电（水电光伏核电风电）-特高压-新能源车"三个产业，会让能源的"生产-传输-利用"的三角形成闭环，而且可以自我造血，不断正向加强。过去一百年，汽车工业的窗口期只敞开过两次，第一次是20世纪20年代的福特T型流水线，第二次是70年代的丰田精益生产，前者催生了美国强大的汽车工业，彻底甩开了欧洲；后者则让日本成为汽车新贵，直到今天仍然是日本经济的"护国柱石"。产业链重构的新能源汽车，就是第三次窗口，也是唯一有可能在国家经济支柱型产业上让中国弯道超车的机会。

更汹涌的浪潮来自汽车业。中国汽车继2021年全年出口219万辆、2022年340万辆之后，2023年1—9月汽车出口339万辆，同比增长60%，表现超强，全年汽车出口预计，中国将超过日本成世界第一。其中新能源汽车出口82.5万辆，同比增长1.1倍。7月3日，中国新能源汽车第2000万辆下线。预计2023年中国新能源汽车新车渗透率达到35%。中国汽车产业已经换道超车，从"跟随者"变成"领跑者"，正引领波澜壮阔的全球汽车革命。这一趋势也凸显中国正在加速向制造业价值链上游移动。

燃油车的时代正在过去。在电动化和新技术方面，中国自主品牌正在引领全球。毕竟过去所有的好车都是外国人造的，最先进的造车理念、技术、部件……都是外国的。但是智能电车时代，规则完全变了。中国几乎变成了智能＋电动的唯一总基地，唯一策源地。三电技术、智能座舱、智能驾驶的领先，导致中国智能电车总能率先拿出形态和功能上的改变，而且中国车快速进入"1年半中期改款，3年完全换代"的超速迭代周期。同时，得益于互联网、智能手机、重工业等全产业链的发展，中国智能电车这一次在产业链的深度、广度上，也是领先全球。造的快、变的快、换代快、成本低、配套全……特别是根据某些车企的测算，如果不考虑关税，全球任何一个地方生产电车，成本至少都比中国贵10％以上！那所有的国家几乎都没得玩了。特斯拉就是典型的例子，焕新版的 Model3 卖 26 万纯粹送人头，特斯拉产品迭代的速度，已跟不上中国车企疯狂内卷的速度。光小改外观和内饰没用，FSD 进不来，三电没有根本性进步，座舱一直在农业时代。

很长时间，日本都是一个以外销出口（技术和整车）为绝对核心的汽车工业大国。从现在来看，日本汽车工业的"现在"和"未来"都被中美摁死了。

在中美欧这样的第一级别市场，新能源占比在快速突破，其中中、美（其实就是特斯拉）几乎完全吃掉了所有的新能源份额。特斯拉不仅在美国，在中国和欧洲都杀得天昏地暗。这些国家市场因为智能化后涉及的大量工人就业，数据安全，基础充能等等搭建，也开始越来越偏向本土品牌。各国都给出了本土品牌的补贴政策，鼓励本土品牌发展。作为外来者的日系就尤为尴尬，并且因为在新能源市场毫无建树，眼睁睁看着这些市场被中美两家瓜分。

在第二级别市场，日本传统优势的东盟、中东被中国品牌冲的一塌糊涂，吉利宝腾在马来西亚已经把日系合资的几家车企挤得痛不欲生。不仅有比亚迪门口深夜排队买车的泰国民众，长安、长城、比亚迪都陆续在泰国、印尼建厂，这些都是日系在东南亚的核心市场，现在无一例外都被中国车企冲击了。同样的还有特斯拉，靠着上海工厂庞大产能，源源不断的输出东盟。

第三级别市场非洲和西亚，中国搞了一带一路，深耕非洲市场，借着华人商会对当地市场的了解，开始在搭建一套全新的销售维修体系。以前因为关税腐败等问题，在西亚和非洲买二手车的价格并不比新车便宜，当带着服务和维修保障的国产车杀进去的时候，对非洲人来说无异于降维打击。

日系并没有做错什么，就是中国崛起了，工业规模优势带来的降维打击，让日本汽车工业不再是可以坐地起价的香饽饽。特斯拉比亚迪引领的新能源化正在席卷全球，日本跟进的话无异于直接放弃传统工业优势，海外市场丢失的速度只会更快，转型无异于找死。所以日系车衰落是必然，因为真的无路可走了。

日本一个国家养活了丰田、本田、日产、铃木、三菱、斯巴鲁这么多公司，这些公司反过来养活 1.4 亿立本人口。如果打垮其中的四家，这样可以腾出一年 900 万辆的空间给我们，而我们最厉害的比亚迪也没有达到一年 300 万辆。所以，我们必须继续在这个领域激战。

汽车出口的增长还带动了另一些产业的发展，例如汽车运输船。由于汽车出口形势良好，许多大型机构都在大量订购汽车船。订单数量激增，每次运输约 8000 辆，很多大船的规模都在十几二十万吨。2023 年第一季度的全球订单中，有 24 艘被中国船企拿走。过去造船业的格局是中日韩三分，韩国略微占优，现在中国造船业完全碾压韩日两国之和。

造船业被称为"综合工业之冠"，零部件多、供应链长、产业关联度高，涉及钢铁、有色金属、机械、电子等 50 多个行业。2023 年 1—9 月，中国造船完工量、新接订单量和手持订单量以载重吨计分别占世界市场份额的 46.0％、63.5％ 和 50.2％，均位居世界第一。2022 年中国造船完工量、新接订单量、手持订单量分别占全球份额的 47.3％、55.2％ 及 49.0％。韩国已连续两年将全球造船第一的宝座让给中国。豪华邮轮、LNG 和航母被誉为造船业皇冠上的"三大明珠"，它们代表着客运、货运和军用船舶的最高水平。中国成为全世界唯一都拿下并开启量产模式的国家。

2023 年 11 月，中国第一艘大型国产邮轮在上海正式交付，该船由上海外高桥造船厂 2019 年 10 月开始建造，历时四年，总吨位13.55 万吨。值得注意的是，该船零部件竟然高达 2500 万个，是C919 的五倍。一个大型系统一旦国产化，里面的零部件国产化就会明显加速，这是一个客观的产业规律，这也是为什么下游的整机企业或者说品牌企业如此重要，这次国产大型邮轮的交付，意味着整机技术在逐渐被中国掌握，而一旦有了国产的平台，则零部件国产化必然会获得正向的推动。

这几年各种工业明珠的攻克速度，在不断加快。中国的科技发展在进入新世纪后有三个明显的时间点，第一是 2001 年加入世贸组织，出口高速增长，大量民营企业发展起来了，开始在科技方面有了投入研发的能力和实力。第二是 2008 年世界金融危机，一方面是全球各国经济，发达国家不少企业在此期间遭受重创，一方面是中国企业自身发展壮大和国际化的需求，中国在这次危机之后实现了大量的海外收购，获得了不少优质资产，代表性的是2010 年 8 月吉利汽车公司 27 亿美元完成对瑞典沃尔沃汽车的收购。2012 年三一以 3.6 亿欧元的价格，收购了德国普茨迈斯特的100％股权。2012 年 12 月，潍柴动力以 7.38 亿欧元收购了德国凯傲集团 25％的股份和旗下林德液压公司 70％的股份，创下了当时中国企业在德国的最大并购纪录，凯傲集团当时是欧洲第一，全球第二大叉车企业。中国化工集团 2015 年以 71 亿欧元收购意大利倍耐力论坛股份。2016 年 1 月海尔以 55.8 亿美元（约合人民币 366 亿）收购了美国 GE 家电业务。2017 年中国化工 430 亿美元收购了瑞士先正达。2017 年 1 月，美的完成 37 亿欧元对全球机器人"四大家族"之一的德国库卡 94.55% 的股份的收购，成为库卡公司最大的股东。第三个时间点就是 2018 年开始的中美贸易战和科技战，极大的刺激了中国在半导体等方面自主研发的投入，今年 Mate 60 pro 的发布应该说就是过去的几年中国各个企业在半导体领域集中大量投入的结果展示。实际上这次科技战的影响并不仅仅是半导体领域，而是各行各业都意识到了国产化的重要性。

东亚是世界最大造船之地，中日韩造船量合计占比世界 97% 以上，但很多人可能不知道世界最大的拆船地也在亚洲，但不是东亚，而是南亚，印度、孟加拉和巴基斯坦的拆船吨位占世界 90% 以上，尤其是印度。

东亚造船就不说了，为啥拆船都在南亚，一个是人力资源便宜，低人权优势，因为拆船是个十分危险的工作，很容易发生意外，二是拆船过程伴随可能的环境污染，尤其是某些特种船、油轮、化学品船、老旧船、幽灵船，基于环保问题都不爱做这项工作，印度人不怕，而且这些船拆完之后，类似"鲸落"，船上一切能回收的都被回收，但拆船过程中产生的各种问题就都留给这些拆船的工人和拾荒者了。

我们也为这些蝇头小利进口过大量"洋垃圾"，现在的年轻人估计没印象了，十年前左右，中国停止了洋垃圾进口，一时造成了西方的垃圾堆积，当年在日本就有做垃圾分类回收的中国人进口到中国赚钱，南方很多县和村成了洋垃圾堆放地，造成了极其严重的污染，尤其是电子垃圾回收过程的空气和水污染非常严重，我们果断停止了洋垃圾进口，背景就是国内的产业升级。十年前还是山寨货横行的时代，十年间变化巨大，完成了改开之后第二次巨大跳跃，你我身在其中自然感觉不明显，十年二十年之后回头再看这段路程自会感慨万千。

这十年推进的产业升级和切换，将整个社会的下限提高了一个层次，广泛的社会保障，高标准的环保要求，绿水青山的严格控制，共同富裕的扶贫开发，这些实实在在，产业方面则是实现了大量的弯道超车，也抛弃了很多"传统"观念，例如山寨、抄袭，例如生产质量不过关，现在追随的产品越来越少，原创的越来越多，虽然整体上依然属于追赶阶段，但基本美国的羊毛要被薅光了。以此为基础，中国即将进入准发达国家阶段，类似日本德国1970年代，制造业水平大幅度提升阶段，而不是产量大幅度提升，标准和质量稳定运行阶段。

2023年4月，C919商业首航成功。通过大型客机的研制，航空产业的创新链、价值链、产业链得到极大拓展和延伸，带动了新材料、现代制造、电子信息等领域技术的集群性突破。

此前，ARJ21飞机从2015年首架交付到2023年11月3日累计交付116架，载客量超过960万人次，成为中国支线航空市场的主力机型。此外，C929飞机在俄罗斯退出后进展加速，已经进入详细设计阶段。C929是远程宽体客机，计划提供250—350座席，基本型航程将达到12000公里，它的体积比C919还要大得多。以前觉得不要说追上美国，赶上俄罗斯也很难的航空发动机，军用的也早就搞出来了。歼20和运-20都已经装有"中国心"。大型民航客机用的长江1000和长江2000发动机，也在紧锣密鼓研制中，其中长江1000已经离正式取证交付不太远了。

航天方面，空间站这个非常高科技的东西，在2022年11月3

日迎来三舱"T"字基本构型在轨组装完成,初步建造完成。

像设计芯片的 EDA 软件,美国制裁之前大家都说挺难,当然也的确不简单,不然为何全球就那几家。2023 年 2 月华为徐直军说:"芯片设计 EDA 工具团队联合国内 EDA 企业,共同打造了 14 纳米以上工艺所需 EDA 工具,基本实现了 14 纳米以上 EDA 工具国产化,2023 年将完成对其全面验证。"14 纳米的国产 EDA 工具好用不好用先不说,至少就已经搞出来了,相信只要能让人实际用起来,必然会越来越好。现在,还值得期待的就是极紫外光刻机、载人登月的重型运载火箭、登月宇宙飞船、工业软件这些东西了。所以,随着时间的推移,还得给自己不断设置更高的目标才行。

我国"十四五"规划指出,在类脑智能、量子信息、基因技术、未来网络、深海空天开发、氢能与储能等前沿科技和产业变革领域,组织实施未来产业孵化与加速计划,谋划布局一批未来产业。主要包括,新一代信息技术产业:以人工智能、量子信息、未来网络与通信、物联网、区块链为代表的新一代信息技术加速突破应用,成为全球未来产业最火热的赛道。绿色低碳产业:作为全球未来能源的重要支撑,氢能、储能、太阳能、核能和其他低碳能源的开发利用,结合智能电网技术等,正在改变能源结构。生物技术产业:以基因编辑、脑科学、合成生物学、再生医学等为代表的生命科学领域孕育新的变革。战略空间产业:深空、深海、深地这些战略空间科技与产业发展逐步走向"整体统一"的地球系统时代。

第十三章　富民政策:扩大内需过好日子

　　发展的终极目的是为了人民更美好的生活。老百姓可能不关心以上说的那些,更在意自己的日常生活满足感。总书记强调要将恢复和扩大消费放在重要位置。我国新型工业化、信息化、城镇化、农业现代化深入推进,消费日益成为拉动经济增长的基础性力量。要增强消费能力,改善消费条件,创新消费场景,使消费潜力充分释放出来。但消费是收入的函数,要多渠道增加城乡居民收入,特别是要提高消费倾向高、但受疫情影响大的中低收入居民的消费能力。要合理增加消费信贷,支持住房改善、新能源汽车、养老服务、教育医疗文化体育服务等消费。站在老百姓的角度,终究还是为了过日子。老百姓的生活需要满足三个具体的期待:有钱可拿,有胆可花,花得愉快。这些问题,单靠老百姓自己无法解决,需要国家进步和政策重构。

　　过去国家贫困,大家都没有钱。后来国家有所发展,但收入跟不上,因为我们的优势是人力资本便宜,不能随便加工资,担心产品不好卖。后来竞争力还可以了,但仍然不舍得加工资,因为我们是发展赶超国家,还需要再投入生产、再循环。现在走到新发展阶段,我们需要对民众更好一点。过去我们的收入增长跟不上 GDP 增速,今后至少要同步或相对增加收入,所以国家需要做一些大的调整,以解决两个收入层面的巨大难题:阶层分化和区域落差。

按照国家统计局的口径,中国14.2亿人中,已有约4亿人步入中产收入水平。当然这个门槛也不高,以家庭为单位,年支配收入超过10万元就达标。反过来说,还有大约有10亿人处于中低收入阶段。国家的目标是,到2035年左右,将这10亿中低收入人群的头4亿拉入新中产。到2035年,我们期望有超过8亿人进入中产,这将是全球无敌的单一市场规模。美国3.3亿人,两亿多中产;西方发达国家10亿人,7亿多中产。要实现这样的目标,就要约束顶层,扶贫底层,壮大中间。

国家需要做一个选择题,是让亿万富豪再轻松挣1000亿,还是让1000万贫困家庭有效增收1万元? 答案当然是惠及千万家。对顶级富豪而言,如果巨大资金不用于科技和产业进步,其边际效应明显递减,钱就是个数字。但对普罗大众而言,任何收入增长都带来生活质量的实质性改善。

· 政策选择: 双向战略调整

· **对内**将经济增长的动力立足于内部循环。扩大各社会阶层对经济发展果实的共享,通过提高中低收入阶层的实际工资水平,把消费变成经济增长的新发动机。

· **对外**减少对出口驱动增长模式的依赖,在国际上扩大与发达国家之间的产业内贸易,促进国际收支基本平衡,为中国经济的进一步发展提供有利的国际环境。

重在畅通国内大循环,重在突破供给约束堵点,重在打通生产、分配、流通、消费各环节。加快形成内外联通、安全高效的物流网络。加快数字化改造,促进传统产业升级。

一般认为,经济发展靠三驾马车,投资、出口和消费。过去中国非常依赖出口,目前外部形势严峻,出口预期必须下调;过去中国也大举投资，靠基建和房地产劳动，现在房地产趋于饱和，基建回报周期太长，投资效益明显下降，债务压力显著上升；未来发展的重心必须转向消费。消费的核心是让大多数人有钱挣。国家一定要先做大蛋糕，通过政策调整，把蛋糕更好地分给大多数人。加大社会保障，让民众敢花钱；供给匹配需求，让民众花得愉快。

有钱人喜欢享受奢侈品，中产阶级希望个性化，穷人爱便宜，如果产品和服务各取所需，中国的消费能力和市场规模就能长期驱动未来发展。当前和今后一个时期，我国经济运行面临的主要矛盾仍然在供给侧，供给结构不能适应需求结构变化，产品和服务的品种、质量难以满足多层次、多样化市场需求。必须提高供给体系对国内需求的满足能力，优化供给结构，改善供给质量，以创新驱动、高质量供给引领和创造新需求。

要解决区域落差，就要在地理空间上做好规划，争取突围。

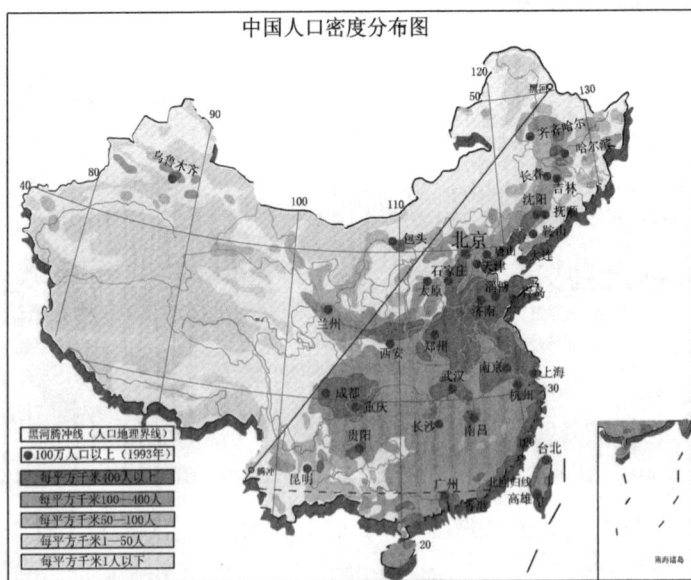

中国人口密度分布图

　　中国国土是一个明显的不均衡结构，沿着黑龙江到云南腾冲画一条大致为倾斜 45 度的直线分界线，这就是胡焕庸线，是著名地理学家胡焕庸在 1935 年提出的。根据胡焕庸当时的计算，线以东的中国东半部面积约占全国的 36％，而人口却占全国的 96％；线以西的中国西半部面积占全国的 64％，而人口仅占全国的 4％。这种分布特点在历次人口普查中都得到了验证，表现出相对的稳定性。因此，胡焕庸线被认为是我国人口分布的一个重要界线。

　　此后，历任政治家都站在地图面前问同一个问题：胡焕庸线怎么破解？每个年代的政治家都给出了他们的答案。新时代的基本思路是"两横三纵"。

城镇化空间格局示意图

　　上面一条线是黄河天山线，下面一条线是长江。黄河长江这两条横轴是中国的天然地理分界，三条纵线分别是高铁西线、中线和东线，横贯黄河和长江两个横轴，形成若干交互点，国家在其中画了 19 个圈。这 19 个城市群是国家重点培育的地方。过去中国是省级行政区用权力配置资源，未来城市群更多通过市场力量自发扩展，两条腿走路。

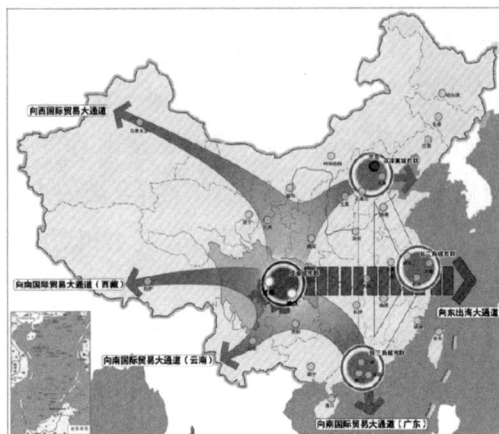

➢ 内循环

长江黄河舒展腹地，一带一路张开两翼，京津冀、长三角、粤港澳、成渝形成东西南北四极牵引、长江上下游首尾呼应之势，进而加快构建**陆海内外联动、东西双向互济**的全面开放新格局，支撑和带动全国高质量发展。

以前中国发展的重点是东南沿海，这是一根弦；今后几年重点拉动长江经济带，射出一支箭，这叫弓箭战略，弯弓射箭。长江横贯陆和海，联通东和西，广义的长江经济带有接近一半中国人口聚集，一半产业规模，是我们命运的横轴。长江兴中国起。长江是货运量位居全球内河第一的黄金水道，长江通道是我国国土空间开发最重要的东西轴线，在区域发展总体格局中具有重要战略地位。依托黄金水道推动长江经济带发展，打造中国经济新支撑带，是谋划中国经济新棋局作出的既利当前又惠长远的重大战略决策。习总书记强调，推动长江经济带高质量发展，谱写生态优先绿色发展新篇章，打造区域协调发展新样板，构筑高水平对外开放新高地，塑造创新驱动发展新优势，绘就山水人城和谐相融新画卷，使长江经济带成为我国生态优先绿色发展主战场、畅通国内国际双循环主动脉、引领经济高质量发展主力军。

再逐步扩展，上面是京津冀，右边是长三角，下边是珠三角，左边是成渝，这 4 个发展高地围住一个菱形钻石黄金圈，这是国家未来发展的主要内部市场，是中国的心腹版图。

内循环的核心,是建立国内统一大市场。对于这个布局的重大意义,一般解读的格局都太低了。20世纪初,在欧洲长期被压迫的斯拉夫人开始觉醒,十月革命一声炮响。21世纪初,从第一世界落难的斯拉夫人回到第三世界。而无论是20世纪还是21世纪,永远是第三世界的中国人,始终代表了人类文明新形态的方向。在这场已经到来,而且更加猛烈的地缘政治战争中,我们将有几个方向的重大变化。

第一就是军事力量要持续扩张,不能停留在当前这个水平,必须要加快扩张,特别是空天军、网络军,这些要超大力度扩张,此外,陆军要回到更加重要的地位,要为"控制实地"做好准备。

第二就是财税体系要加快改革,房地产的持续低迷,就是倒逼地方政府跟中央的想法保持一致,不要再考虑土地的事了,重点是如何激发民众敢于做生意、敢于活跃的信心,这一点上大家基本形成了共识。

第三就是国内传统的三座大山,医疗教育住房,一个一个重组,因为这些制度设计是1997年当时穷得叮当响的时候开启的,现在不行了,都要换脑子。这不是一个教培的问题,更是营造一个温暖的文化氛围的问题。

第四就是向外扩张,主要是经济领域的扩张,目前我们的经济效率相当高,对比西方几乎是吊打,但是我们都在窝里横,这不行,要借助产品把我们的模式推广出去。一代新人换旧人。在这个浪潮中,不换思想就换人。

每个个体也都是,大家不要哀叹什么阶层固化,那都是扯淡。现在信托倒了一波人、房地产体制改革也会打散一波人,各种反腐也会倒一波人。大家还是要积极努力。

中国同美西方打交道经久以来的经验证明,霸权集团从不会照顾中国的态度和情绪，对于来自中国种种苦口婆心，他们从来听不进去、不予理会，更完全不会为中国的态度所影响所左右。相反，中国越是讲道理，就越是助长他们的不讲道理。现在整个霸权集团对中国日益蛮横霸道，这是不争的事实，究其根源，就在于中国太爱讲道理了。

我们现在需要在战争爆发之前，尽快解决内部的一些问题，而不是发动经济。现在是别人准备给我们上刺刀了，我们还在家里收拾菜园子，这不行，我们得准备把家族动员起来，形成一个稳固而能连续运转的体系，不然，对方把我们去赶集的路封锁了，我们吃啥？喝啥？

从现在开始，我国财政收入增长将进入慢车道。主要原因是省级及以下各级财政的非税收入增长"源泉"已近枯竭，而财政支出增长是刚性的。当财政可支配收入捉襟见肘的时候，体制内日子最难过的一般都是基层。应该说，为什么我们发展到现在呢？那是因为我们的优势跟发达国家比是不同的。发达国家劳动价格高，资本丰富，所以要素禀赋在于资本，所以生产环节就必须采取对应的"技术"，用资本代替劳动，这样成本比较低。欠发达国家资本稀缺，劳动价格低，所以要素禀赋在于劳动力，所以生产环节就要用适合自己的"技术"，用劳动代替资本，这样成本比较低。也就是说，"技术"高级低级不是关键，适合自己现状是关键。一切为了降成本，降成本是一切。降低了成本，市场中就占优，就有得赚（资本回报率），有了剩余，再投入扩大产能/研发进一步提高产品性价比。这个企业就有自生能力，如果本国的企业有自生能力，就不用补贴，可以把国内市场放开，也可以走出去，去世界市场上搏杀捕食。

我们现在的企业已经开始过了山寨的阶段，开始到市场上搏杀了。去世界市场就如同去赶集，赶集的路就需要我们有镖师，这就是我们的海外军事力量，所以军事力量的持续发展是必然的。说句题外话，现在这个时代是理工科的时代，以金融为代表的时代在这一轮 15 年的浪潮中，是要靠边站的。无论是赶集还是要有镖师，我们都需要一个稳固的大宅院。大宅院要能提供稳定的资金，从而支持我们的赶集和建设一个镖队。这就是财税。

财税改革涉及面太大，太重要，所以推进起来非常考验耐心。

1993 年，中央政府财政收入占比 22％，地方政府为 78％；而中央财政支出为 28.3％，地方为 71.7％。中央财政出现入不敷出的情况，但是地方政府的财权和事权是平衡的。当时的改革是根据西方理论来的，财政体制由计划经济向市场经济的改革迈出了实质性的一步。当时占财政收入大头的大税种（增值税），大型国有企业的（金融、铁路、石油）主要税种、带有政策调控作用的税种（关税、消费税），基本上都划为中央税，由国税部门征收后上缴中央财政。1994 年当年中央财政收入就实现了 203.5％的增长。

但没有任何一种改革是万能的，所有的改革都是会在解决一些旧矛盾的同时，产生新矛盾。然后人们又要花力气来解决新矛盾。社会就是在这个过程中进步的。分税制改革究竟带来了什么样的新矛盾呢？最大问题就是央地财权和事权不匹配。即中央收入增加了，但由中央执行的支出任务并没有增加。

中央收入增加很容易理解：改革以后容易收的税种归国家，不容易收的归地方，大头的归国家，小头的归地方，自然使得收入端中央收入占比提升。其中最大的就是社会保障支出责任，几乎完全由地方政府来执行。

这也是为什么地方政府只愿意卖房子，但是不愿意解决城市户口的问题：因为卖房子是地方的钱，但是城市户口的问题等于社会保障支出,这部分的责任是巨大的,地方为什么掏钱? 这个局面直到 2015 年才有所缓解,就是各地开始抢人。抢人的本质还是卖房子。

到 2015 年,中央财政收入达到财政收入 50％的情况下,中央财政支出仅为财政支出的 15％,也就是说地方财政支出从 1990 年代中期的 70％逐步增至 85％。

地方用占小头的财力承担着占大头的事务,很多本来富裕的地方钱不够花了。但疫情三年,这个情况就没办法持续了。第一,基层政府特别是县、乡两级,分担着许多全国性的公共服务责任,包括普及九年义务教育、公共医疗卫生,经济不发达地区担负着沉重的支出责任,却没有相应的收入来源,地方政府财政预算和执行都出现困难。现在一些县级及以下政府的都是入不敷出,债务巨大,工资都很难发出来。第二,向中央要钱。转移支付制度这个东西看起来很好,但是存在不规范的问题,各个部委有很大的自由裁量权。第三,地方保护。为了地方的财政收入,其他的货物是不能在本地卖的。现在好了很多,但是现在搞的优惠,比如说汽车购买优惠,只针对本省的企业,只针对本市的企业,也是一种市场保护。第四,大力度招商引资。最好是总部能落户在本地,如果不行,就第二总部,如果不行,就生产基地。

2021 年,也就是疫情第二年,国家印发了统一大市场文件。这个是一个巨大的改革,对央地关系而言,可能是近 100 年来最大的改革。跟这个改革配套的就是《关于进一步推进省以下财政体制改革工作的指导意见》。现在经济的所有内涵,都可以从这个逻辑找到根源:那就是,中央在逐步占优势。当前,我们的生育问题、年轻人群体中不小的左翼思想问题、改革问题,根本就在于财税体制。因为分税制的弊端已经体现,就是房地产。经济问题本质是社会问题。现在的房地产一定程度上扭曲了经济结构,形成了居民靠扩大负债—银行增加面向居民的房贷—居民购房支出大幅增加—对居民消费形成挤压—居民消费率下降—生产端消费品行业增长放缓—制造业减速的循环。2022 年的措施,让土地财政的路走到头了。虽然一些来路不明的所谓经济学者在喊要放开,但是它们心里的算盘只有它们自己知道。

2008 年全球金融危机之后,欧美日等国家是靠中央政府债务扩张来支撑经济的复苏,而我们的路径是依靠地方债务扩张来支撑经济的全面复苏,地方债务风险已经比较大了。

仅就当前地方财力与事权不匹配的事实而言,解决方法无非就两个方向:一个是事权上移,一个是财权下移。财力下移在我国就是转移支付,那么除了适合转移支付以外的事权,都应该上移到中央。但天下大事,事缓则圆。问题就出在这个谁来干事身上。

在中央的角度来看:之前地方上的一些支出,现在改由中央来出,不是不可以,但是本着"谁的事谁掏钱"的原则,既然中央掏了腰包,麻烦地方按照中央的思路来。不然掏这个腰包干嘛呢? 不可能掏了腰包还听地方指挥。

所以地方不要再各自为政,为了发挥充分发挥中国超大规模市场的巨大优势,听中央号令搞统一大市场。需要进一步要充分尊重市场主体的正常投资经营活动,坚决打破区域间要素流动的障碍,破除市场分割和地方保护主义,杜绝地方政府对微观经济主体的行政干预,增加落后地区参与全国市场分工的收益,促进区域经济一体化,畅通国内大循环。但地方认为,都听中央的,那我们的主观能动性怎么体现? 我们怎么晋升? 传统意义上的"地方经济锦标赛""地方赛龙舟"的模式,还搞不搞了? 从这个国家要挑选得力干部的角度出发,这也是一个问题,如果地方负责人不能有主观能动性，没有在急难险重任务中体现能力，那怎么选拔可以经历风雨甚至惊涛骇浪的干部？所以，这个工作只能一步步来。

比如说，房地产的平稳，就必须逼迫地方政府转向，不在卖地上纠结了，而是准备营造良好环境，最典型的就是很多地方政府开始营造各种消费热点，石家庄的摇滚、贵州的村超、村NBA，淄博的烧烤等等。这些都是为了吸引人气，进而从消费中寻求税收增长，为消费税奠定良好基础。这种消费形式的丰富，很容易让整个社会"稳"下来，因为是涉及身心愉悦的形式。

在这种情况下，地方把重点接下来就要放在工业上，最重要的是让工业商品价格要有所回升，价格回升，才能有投资热情。

此外，就是大力度向海外开拓，重点是在非洲和东南亚区域抢份额，并且大力度帮助非洲开始基础设施建设，这个非常重要，基础设施建设一旦跟上了，经济的毛细血管就畅通了，这样自然就能有商品的畅通，进而帮助收入的上升。现在的蓝图其实就是"迷你版"的国内全球化。

因为如果建立了这样的市场，东部地区的制造业就可以交换西部的粮食，不用中央的转移支付，直接由东部给钱给西部；下游的工业城市给上游的水源保护地交钱；高等教育发达的区域给生源地交钱；省会城市给粮食来源地和蔬菜来源地交钱。这样，一味模仿西方形成的超大城市和经济格局，就要稍微平衡一点。在这种情况下，东部发展越快，从西部购买的资源也就越多，资源价格越高，西部居民的收入就会越高。下游工业城市发展的越好，吸引的人口也就越多，就越会给上游水源地钱，因为上游的水源就会供给的越多。高地教育资源地区会越来越加大科技投入，因为只有口碑好的高校，才能吸引越来越多的生源，生源地也会越来越重视教育等等。

我们国家跟欧洲比起来，哈尔滨到三亚、上海到乌鲁木齐的距离，几乎都是安卡拉到伦敦、阿尔及尔到奥斯陆的距离。这样一个庞大的改革，就能形成一个迷你版的全球化。这个过程需要 15—20 年左右的时间。

对外的重点布局是共建一带一路，一路向西、一路向南；一路向陆，一路向海。数百年来，西方现代化终究只撬动了海洋，先是大西洋的欧洲、美国，后来是太平洋美国西部、太平洋东部、日本、韩国、中国台湾地区和中国大陆，两洋地区形成了全球最强烈的贸易循环。中国的对外开放也搭上了两洋贸易的快车道。后来美国人生气，质疑他们搭的台子，为啥中国人唱了主角？

外循环：通过"一带"打通中欧陆上的能源和货物通道，通过"一路"绑定与太平洋、印度洋以及地中海沿线国家的利益联系。

空间换时间 美元换资源

工业+资本双输出

2015年3月28日发布《推动共建丝绸之路经济带和21世纪海上丝绸之路的愿景与行动》

2013 年 9 月和 10 月，国家主席习近平先后提出共建"丝绸之路经济带"和"21 世纪海上丝绸之路"（简称"一带一路"）倡议，得到国际社会的高度关注和有关国家的积极响应。

此举的战略目标之一是应对外部威胁。奥巴马时期，在军事领域美国启动亚太再平衡战略，在贸易领域美国主导 TPP 和 TTIP 谈判——按照"中国除外"原则，就是要抑制中国崛起。这两个谈判若完成，将建立一个以美国为轴心，横跨太平洋和大西洋的两大经济体,经济总量占全球 GDP 六成以上。届时中国将被光荣孤立。此举也有助于内部平衡。过去我国的开放基于沿海地区,面向海洋、面向发达国家,今后更多要考虑中西部地区和沿边地区开放,进一步向西开放、向周边国家开放,构建全面开放新格局。我们可以一路向西,到欧亚大陆寻找潜力;一路向南,到非洲和印度洋规划未来。广阔天地,大有可为。

共建"一带一路"源自中国属于世界。它根植历史,弘扬丝路精神。因应现实,破解发展难题。开创未来,让世界更美好。其原则是共商共建共享,其理念是开放、绿色、廉洁;其目标是高标准、可持续、惠民生;其愿景是造福世界的幸福路。

共建"一带一路"围绕互联互通,以基础设施"硬联通"为重要方向,以规则标准"软联通"为重要支撑,以共建国家人民"心联通"为重要基础,不断深化政策沟通、设施联通、贸易畅通、资金融通、民心相通,不断拓展合作领域。

十年来,共建"一带一路"取得了实打实、沉甸甸的重大历史性成就。在硬联通方面,一批标志性项目陆续建成并投运,中欧班列开辟了亚欧陆路运输新通道,"丝路海运"国际航线网络遍及全球,建设了中老铁路、雅万高铁、蒙内铁路等一系列标志性项目,"六廊六路多国多港"的互联互通架构基本形成。在软联通方面,《区域全面经济伙伴关系协定》(RCEP)已对 15 个签署国全面生效,中国与 28 个国家和地区签署了 21 份自贸协定,与 65 个国家标准化机构和国际组织签署了 107 份标准化合作协议,与 112 个国家和地区签署了避免双重征税协定。在心联通方面,已与 45 个共建国家和地区签署高等教育学历学位互认协议,与 144 个共建国家签署文化和旅游领域合作文件,打造了"鲁班工坊""光明行"等一批"小而美"合作品牌。贸易投资也进展迅速,2013 年至 2022 年,中国与共建国家进出口总额累计达 19.1 万亿美元,年均增长 6.4%;与共建国家双向投资累计超 3800 亿美元。其中,中国对外直接投资超 2400 亿美元。在共建国家的承包工程年均完成营业额约 1300 亿美元。

十年来,中欧班列成为共建"一带一路"标志性品牌,为沿线国家发展作出积极贡献,得到国际社会广泛参与和赞誉,开创了亚欧国际运输新格局。截至 2023 年 9 月底,中欧班列已通达欧洲 25 个国家 217 个城市,累计开行超 7.8 万列;运送货物占中欧贸易总额比重从 2016 年的 1.5% 提高到 2022 年的 8%,保障了国际产业链供应链稳定。目前,中欧班列物流运输已扩大到 53 个大类、5 万多个品种产品。特别是疫情期间,中欧班列实现逆势增长,年均增长 26.3%,被誉为国际抗疫合作"生命通道"。推动了共建国家经济社会发展。中欧班列累计运送货物超 3000 亿美元,"跨境电商专列""邮政专列"等新业态不断涌现,为共建国家带来大量发展机遇。

一带一路的目的之一就是创造一个特殊的价值链。这个价值链包括了商路、生路以及复合加盟国家民生福祉。

举几个例子,中国企业在海外布局工业园,实现了产业在海外扎根,海信南非工业园、美的泰国空调新基地、海尔智家土耳其干衣机工厂,这些都是加速中国家电企业的出海。以前要让客户选择中国企业并不容易,渠道在人家手上,就是做生意也要给人家交保护费,贴人家的牌子,脏活累活都是我们干,抛头露面的都是人家。现在是让大量的中国企业直接空投过去。中国企业确实很争气,会根据对方国情设计复合现实实用的家电。比较典型的是巴基斯坦专属设计的洗衣机,巴基斯坦人喜欢用毛毯、穿袍子,海尔洗衣机专门增加了'毛毯洗'程序。当地电压不稳时常断电,海尔给洗衣机专门增添了'自动启动'功能，咱能让洗衣机在恢复电力供应后能自动工作。针对各国国情专属设计的背后，是技术和生产完成本地化，说得更直接一些，是产能，产能还是产能。

越来越多的中国制造企业海外布局开始由单纯的生产工厂向集研发、生产、营销一体化的区域基地方向升级，深度融入当地市场。这意味着，中国企业在目标市场贡献的不仅是税收和就业，还有人才和技术。与西方只愿意提供高溢价产品让少数拥有财富的人享受高品质生活相比，中国企业扮演了修桥补路的基建角色，虽然各国的国情远远不可能通过中国企业的努力改善，但这种肉眼可以看到的进步，是任何人无法拒绝的。

说几个数据。志高1994年成立，主营业务是空调，在国内默默无闻，在一带一路出现后，仅两年间快速开办了越南、加纳、哈萨克斯坦及伊朗分公司，并召开东南亚、中亚主要国家经销商会议，短短数年拿下"一带一路"共建国家市场份额的10%左右。美的2007年就在越南设立了首个海外工厂，美的21个海外制造基地分布在全球12个国家，包括白俄罗斯、意大利、埃及、印度、泰国、越南、美国、巴西和阿根廷。近年来，美的集团海外收入占营收比重稳定在40%左右。海尔全球化业务已进入所有"一带一路"共建国家及地区，建成了22个工业园、103个制造基地及103个贸易公司。这都是100%本土化的，不是拉一帮中国工人去上班的。以美的空调泰国工厂为例，很多关键岗位已经实现100%本土化，接下来美的将建立东盟研发中心，把泰国工厂升级为研产销一体化的海外基地。创维在埃及有一个洗衣机厂投产，产品覆盖埃及本地和北非市场，此外在阿联酋、沙特等地也有工厂。其实我们中国早就把有些事情分工给了加盟者，厚道得很。

总结一下，中国企业出国的根本不是为了单纯的做产品，而是改头换面,根据对方的需要给对方做产品。与一些逐渐被抛弃的外资不同,中国企业借助一带一路终于可以直面世界,然后珍惜机会,抓紧握手,把我们有的交出来,把对面有的带回来,培养出面对全球的交付能力,交出对面满意的产品。

人在做,天在看。有些事情既然有些国家有些品牌不屑一顾要腔调,那就把时间和空间让给我们中国人来填补。所以美国、日本等自诩代表西方的国家能加入一带一路吗? 人家脑子坏掉了才加入,人家恨不得我们立即失败。

一带一路的启动,仍然源于中国发展的特殊经验:要想富,先修路。中国作为基建狂魔,可以逢山开道,遇水搭桥,点石成金。

我们率先倡议设立了亚洲基础设施投资银行。2013 年 10 月,中国国家主席习近平在访问东南亚国家期间,首次提出了筹建亚投行的倡议。这一倡议得到了包括印度、新加坡等在内的多个亚洲国家的积极响应。2014 年 10 月 24 日,包括中国、印度、新加坡等在内的 21 个首批意向创始成员国的财长和授权代表在北京正式签署了《筹建亚投行备忘录》,共同决定成立亚洲基础设施投资银行。从 2014 年 11 月 28 日到 2015 年 11 月 4 日,亚投行先后召开了八次首席谈判代表会议,就银行的筹建事项进行深入讨论和磋商。2015 年 6 月 29 日,《亚洲基础设施投资银行协定》签署仪式在北京举行,57 个意向创始成员国财长或授权代表出席了签署仪式。这是亚洲地区首个由多国共同发起并筹建的多边开发银行,旨在为亚洲地区的基础设施建设提供资金支持。初始注册资金 1000 亿美元,中国出资 500 亿美元坐庄,其他国家有钱出钱,没钱先报名占位。截至 2023 年 6 月,亚投行成员从建立之初的 57 个增加到 106 个,从主要集中在亚洲逐步扩展至全球。这种爆发性的增长在多边开发机构中并不多见。亚投行先后批准 227 个投资项目，共投资 436 亿美元，项目涉及交通、能源、公共卫生等领域，为共建国家基础设施互联互通和经济社会可持续发展提供投融资支持。之后，我们又成立丝路基金，为项目融资提供更多平台。

一带一路的关键布局是三条陆地线路、两条海路。陆地线路最重要的就是中欧班列走的线，从新疆出去，经中亚、俄罗斯到欧洲，这条线的政治障碍基本清除，目前进展顺利。第二条线经中巴经济走廊前往西亚，目前也在推进。第三条线是连接东盟，RCEP自贸区获得了较大进展。海路一条线虚指南太平洋，由于澳洲和新西兰同属五眼联盟，跟美英关系亲近，不时对华难堪；另一条线就是重中之重，指向印度洋，关键是非洲大陆。我们对非洲充满期盼。

中亚有个国家乌兹别克斯坦，地理条件有些特殊，天山支脉兴都库什山把该国一分为二，一边是相对富饶的费尔干纳盆地，拥有非常丰富的物资；另一边是雪山高原。大山阻断了国家两侧的交通，这个地方的 1000 多万人民，到首都去非常困难。一条途径是到国外中转火车；另一条途径是花几天时间走公路攀爬高山雪峰。中国建设者过去看了，觉得还好，就是打个洞的事。仅用三年时间就完成了共计 47.3 公里主、辅隧道的修建，让天堑变通途。中企在乌兹别克斯坦建成中亚第一长隧道，被当地民众视为一带一路上的奇迹。中国点石成金，两地人民终于可以自由来往，时间是三小时。然后人家就跟你谈合作、交往。中国在很多地方都在做这种事，基建实力非常重要。

中国与欧盟之间只隔着中亚。伏尔加河-顿河运河沟通了亚速海和里海，中国货物只需要运输到黑海沿岸，就能装上 5000 吨级内河货轮，运到罗斯托夫再转大船运往欧洲。哈萨克斯坦铀矿储量世界第二,乌兹别克斯坦第十,足以在可预见的未来满足中国需求。

随后的重点突破是中巴经济走廊,从新疆喀什出发,建设铁路和公路抵达瓜达尔港。瓜达尔港位于巴基斯坦西南边陲,靠近伊朗边境,距离"全球石油生命线"霍尔木兹海峡400公里。港口运行后,中国将货物运到中东、非洲可节约一个多月的时间,给西部地区带来更多贸易机遇。2015年4月,中国国家主席习近平9年来首次访问"巴铁","全天候"正名,50多项合作文件,丝路基金首个项目落地。经过多年努力,形成"1+4"合作布局,实现共赢和共同发展。

另一个借道印度洋的出海口是中缅原油管道,2017年开始运营,每年对华输送天然气120亿立方米,输送石油2200万吨。管道的全面贯通成功开辟了我国印度洋能源进口通道,源自国际市场的优质原油经中缅管道穿越缅甸4个省邦,跨越中缅边境,运往云南炼厂就地加工,供应滇黔桂等省区,带动西南地区石油化工产业升级,构建能源供给新格局。

2020年,缅甸皎漂港建设协议在中缅领导人见证下正式签约,该港在孟加拉湾东北部,面向广阔印度洋,自然条件优越,可停靠目前世界最大的集装箱货轮。建成后将成为缅甸和东盟通往世界的门户,连接印度、非洲和中东。对于中国则可绕过马六甲海峡,经由中缅铁路直达云南。将皎漂港口全部建成,需要六七十亿美元;将缅甸伊洛瓦底江河道打通,需要十几亿美元;修公路铁路到中国需要160—170亿美元。港口建设至少需要6年,港区全部建成要十几年,公路铁路全部建成,河道全部打通,要15—20年。如果将皎漂至中国的通道变成经济走廊,带动周边土地开发、港口周边工业区建设等,将产生250—300亿美元的项目。这大概要

30—40 年。

跟东盟的合作进展顺利。2020 年 11 月 15 日，《区域全面经济伙伴关系协定》(RCEP)正式签署。RCEP 是全球最大自贸区，15 个成员国总人口达 22.7 亿，GDP 和出口总额占全球总量约 30%。2022 年 1 月 1 日正式生效实施。2022 年，中国与 RCEP 其他成员进出口总额同比增长 7.5%，占外贸总额的 30.8%。对 8 个成员的进出口增速超过了两位数。对 RCEP 其他成员的非金融类直接投资增长 18.9%，吸收他们的直接投资增长 23.1%。据美国彼得森国际经济研究所测算，到 2030 年，RCEP 有望带动成员国出口净增加 5190 亿美元，国民收入净增加 1860 亿美元。

2023 年 10 月 17 日，印尼雅加达至万隆高速铁路正式开通运营。这标志着印尼迈入高铁时代，中印尼共建"一带一路"取得重大标志性成果。雅万高铁所在的爪哇岛常住人口约 1.5 亿，占印尼人口的一半多，是印尼经济文化最为发达的地区。全长 142 公里、设计最高时速 350 公里的雅万高铁令当地交通体系实现升级。这是中国高铁首次全系统、全要素、全产业链在海外落地的项目。

2021 年 12 月 3 日，国家主席习近平同老挝国家主席通伦通过视频连线共同出席中老铁路通车仪式。中老铁路是老挝"陆锁国"变"陆联国"战略深入对接"一带一路"倡议的纽带，是老挝现代化基础设施建设的一个重要里程碑。老挝耕地资源受限于美军越战时扔下的 2.7 亿枚集束炸弹和 8000 万枚地雷，一直没有得到合理开发。假设中国支持，未来开发出一半可耕地用于水稻种植，产量可达 3000 万吨，足够多养活一亿人。老挝适合橡胶种植，如果未来开发到 300 万公顷，远景产量能达到 250 万吨。2022 年中国天然橡胶产量 82 万吨，进口 264 万吨。老挝铜矿储量 1.82 亿吨，金属量约 300 万吨(中国铜金属量 2600 万吨)；铝土矿探明储量 2

亿吨,远景储量 50 亿吨(中国 54.7 亿吨);钾矿储量 50 亿吨,远景储量超过 130 亿吨(中国 11 亿吨)。老挝水电资源丰厚,有望成为东南亚清洁电力中心,并借助廉价充沛的电力成为电解铝出口大国。

2022 年 6 月 25 日,经过 8 年建设,由中铁大桥局承建、中铁工业参建的孟加拉帕德玛大桥建成通车。大桥将孟加拉南部 21 个区与首都达卡相连,让帕德玛河两岸的居民告别靠摆渡往来的历史,原本七八个小时的过河通行时间缩短至 10 分钟。大桥通车可推动孟加拉 GDP 增长 1.5%,造福该国超一半人口。大桥还为泛亚铁路和亚洲公路网补上重要一环,成为"孟中印缅经济走廊"的重要一环。

斯里兰卡的汉班托塔港,地处南亚最南端,为中东、欧洲、非洲至东亚大陆的海运航线必经之地,自古被称为"东方十字路口"。全球 50% 以上的集装箱货运、1/3 散货海运及 2/3 石油运输都要取道印度洋。几个重要交通咽喉,如霍尔木兹海峡和马六甲海峡,也都在印度洋上。通过这里的油轮提供了中国进口石油的 80%、印度进口石油的 65%,日本几乎完全依赖通过印度洋运输来保证能源供给。2004 年,汉班托塔港在印度洋大海啸中被严重摧毁,由于缺乏资金而无法启动重建。2007 年 10 月,中国投资 15 亿美元援建汉班托塔港,到 2016 年年底,项目一期和二期工程全部完工,汉班托塔港成为斯里兰卡最大的多功能深水港。2017 年 12 月,中国招商局新增投资 11.2 亿美元,占股 85%,获 99 年特许经营权。经过多年建设经营,汉班托塔港正在积聚力量朝着印度洋国际海运中心的目标迈进。虽然斯里兰卡政局动荡,不时产生噪音杂音,但汉班托塔港的未来取决于中国的付出,仍是注定的结局。

中国在欧洲的桥头堡是位于希腊首都雅典西南的比雷埃夫斯港，地理位置得天独厚。通过地中海前往大西洋，通过红海前往印度洋，通过马尔马拉海前往黑海，被誉为"欧洲南部门户"。在"一带一路"倡议中，这里是中欧陆海快线中转点，是中欧贸易的关键海上枢纽。多年前，比雷埃夫斯港经营陷入困境。2008年，中国远洋海运集团成功中标，获得比雷埃夫斯港2号、3号集装箱码头35年特许经营权。2022年，比雷埃夫斯港集装箱吞吐量保持在500万标准箱以上，获得地中海第一、欧洲前五大港的地位。

中资控股的秘鲁钱凯港将成为南美通向亚洲的门户。钱凯港位于秘鲁首都利马以北约80公里，属天然深水港，可处理超大型集装箱船舶。2019年，中远海运集团收购钱凯码头60％股权。初始投资13亿美元，第一阶段预计于2024年底完工。钱凯码头将为南美国家提供一条直达中国的航线，航行时间将减少10天。

重中之重是经略非洲。非洲是世界第二大洲，丰饶的资源让这片神奇的大陆享有"世界原材料仓库"的盛誉。迄今，中国在非洲修建了超过6000公里的铁路、6000公里的公路、近20个港口、80多个大型电力设施。

吉布提港地处欧、亚、非三大洲交通要冲，战略地位极其重要，美国和西欧所需的1/3石油，西欧所需的1/4粮食，都要经过这里转口运输。凡是北上穿过苏伊士运河开往欧洲或由红海南下印度洋绕道好望角的船只，都要在吉布提港上水加油，被西方称为"石油通道上的哨兵"。在吉布提有美军在非洲最大的军事基地、法军在海外最大的军事基地。2017年8月，中国人民解放军驻吉布提保障基地部队进驻营区仪式在基地营区举行。2018年7月，中企承建的吉布提自贸区开园，由中国招商局集团、大连港集团联手参与开发、建设、管理和运营，有望成为非洲最大自贸区。

2023 年 3 月，中远海运官宣，将投资埃及苏科纳港口新集装箱码头 25％股权，经营期 30 年，总投资额约 3.75 亿美元。该港口位于苏伊士运河南面入口处，东边与沙特隔红海相望，离沙特梦幻未来城不远。埃及的设想是用沙特的资金将这个地方发展成埃及的工业、科技中心和世界物流中心之一。由此，就形成南有吉布提，北有苏科纳的红海两头物流，无论是从地缘政治还是地缘经济，都意义重大。

蒙内铁路连接东非第一大港口蒙巴萨和肯尼亚首都内罗毕，于 2017 年 5 月 31 日开通，全长约 480 公里，是肯尼亚独立以来建设的第一条铁路。由中国按照国铁Ⅰ级标准帮助肯尼亚建设。在 53 个同中国建交的非洲国家中，有 52 国以及非盟委员会已经同中国签署共建"一带一路"的合作文件。基础设施又是中非经贸合作、共建"一带一路"的优先领域。在 2013 年，由西方公司推进的非洲基建项目占 37％，中国企业仅仅为 12％。到了 2022 年，价值5000 万美元以上的非洲基建项目合同中，有 31％由中国公司获得，西方企业仅占 12％。

2022 年 7 月，非洲人口已超过中国，达到 14.3 亿，年出生4500 万人，总和生育率是 4.66。2050 年非洲人口有望达到 25.7亿，是届时中国人口的 2 倍。与此同时，非洲也将逐渐成为世界经济举足轻重的一级。伴随着老龄化、国内市场的逐渐饱和，中国未来的产业升级、工业品倾销、基建能力输出、互联网金融服务走出国门，在很大程度上都要依赖这块庞大的新增蛋糕。

作为长周期、跨国界、系统性的世界工程、世纪工程，共建"一带一路"的第一个 10 年只是序章。从新的历史起点再出发，共建"一带一路"将会更具创新与活力，更加开放和包容，为中国和世界打开新的机遇之窗。

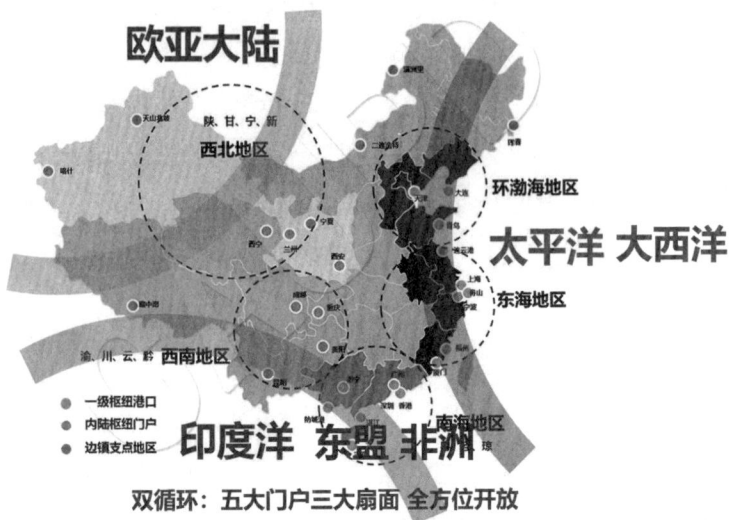

双循环：五大门户三大扇面 全方位开放

更大的长远战略则是海陆交互，实现五大门户三大扇面立体开放。东南沿海主攻太平洋大西洋，西南华南面向印度洋东盟和非洲，西北地区链接欧亚大陆。对内是统一大市场的繁荣，迷你型全球化展开；对外是八面来风，各有发展重心和突破区域。西方来自海洋，终究只撬动了两洋。中国来自大陆，学会了经略海洋，只有中国才能打造海陆两栖新文明，一手拉着欧亚大陆，一手拉着三大洋，构建以工业-基建-贸易为一体的人类命运共同体。

让我们看看这幅图，它展示了人类长周期国力演变。公元1700年之前，世界上最厉害的国家是中国和印度，两个文明古国，人口大国和农耕帝国，在漫长古典农业年代傲然领先。随后世界历史巨大分流，随着海洋时代来临，文艺复兴以及启蒙运动兴起，工业革命、科技创新先后突破，西欧野蛮崛起，美国孤独成长，中印惨烈衰败。在这期间西方主要国家争霸，大打出手，爆发两次惨烈世界大战，美国抓住机会，大发战争横财。二战后，世界进入美国

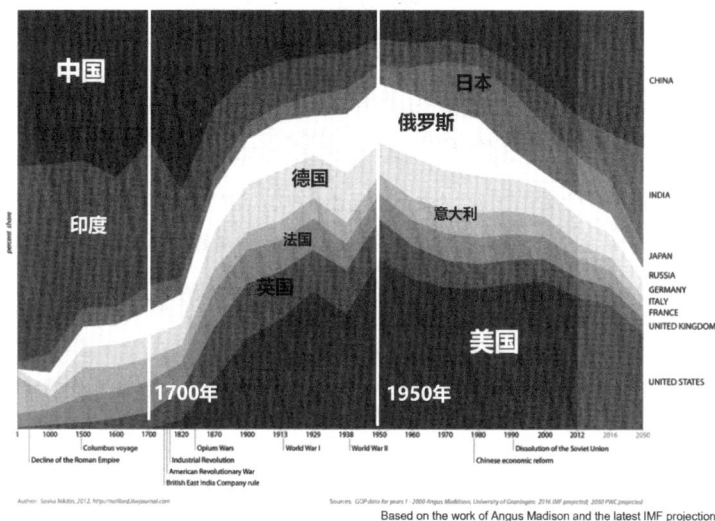

两千年长周期的国力演变

Based on the work of Angus Madison and the latest IMF projections.

时间。之后，欧洲逐渐复苏繁荣，日俄阶段成功，中印艰难前行。走到现在，历史出现了再次分水的巨大可能性。美国总体实力下降，欧洲日渐低迷，日俄先后梗阻，中国巨大崛起。在未来较长时间，全球最重大的事件就是中美争锋，中美争胜。中国必须咬紧牙关，不断奋斗；也要格外小心，如履薄冰。

2022 年，美国著名政治杂志《The National Interest》刊文，为神秘东方大国量身创造了一个新概念："丝绸帷幕"—"Silk Curtain"、简称"丝幕"。文章说："从日本海，经台湾海峡，再到马六甲海峡，一道丝绸帷幕已经在印太地区落下，美国是不是太弱了，无法拉开神秘东方大国的丝幕？由于三个原因，丝幕与铁幕相比明显不同且更具挑战性。首先，它的原则是灵活的，随着事态和联盟的变化而不断地来回移动。其次，丝幕并不像铁幕那样是密不透风的壁垒，尽管有风险，但丝幕允许贸易、投资和航运穿过它。最后,丝幕更易燃,像台湾这样的燃点,一直在布帘沿线上抛出危险的火花。美国该如何面对一枚突防至低空的高超音速武器?它的移动速度是音速的五倍,比战斧导弹快六倍。"

其实它们还是不了解中国,我们比它们想象的更酷。

什么是中国?我们不狂暴,不玄想,贵领悟,讲逻辑,重经验,好历史,兼容并蓄,推陈出新,这就是经历岁月完善而获得牢固性、支配多数社会成员获得广泛性、超越个体性格具备社会性、在制度化和宣扬中获得神圣性、在传统和反传统的平衡与张力中积累更新的中国内涵。

中国人坚持的才是世界最高级的普世价值,王朝只是我们的肉身,文化才是我们的灵魂。在某个遥远时刻,中国会因其巨大的能力和吸引力成为人类命运共同体的中心。那时候,或许美国会退缩成为北美的区域强国,或许我们有生之年能看到那一天。

2018年,习总书记在改革开放四十周年庆祝大会上说,我们这么大一个国家,就应该有雄心壮志。我们现在所处的,是一个船到中流浪更急、人到半山路更陡的时候,是一个愈进愈难、愈进愈险而又不进则退、非进不可的时候。我们要一棒接着一棒跑下去,每一代人都要为下一代人跑出一个好成绩。

后　记

　　大学的正常教学一般是春去秋来,周而复始,铁打的营盘流水的兵。尽管课程体系和教学内容也在与时俱进,但对时代的巨变明显迟钝,对鲜活的事实反应不及。

　　这几年,学校教学模式改革,总算可以按照自己的意愿,面向本科生开设了一门新的选修课《理解当代中国》,希望能把自己多年来对国家的整体思考适当传递给年轻人。这本书就是在课堂教学的基础上修改而来。

　　大学教授特别重视研究的深度,严格恪守学科边界,不愿越雷池一步。几乎没有老师敢讲这么大的主题,涉及这么宽泛且多元的内容,不仅漠视学科界限,甚至不在意理论,天马行空。所以,这也是一次非典型的教学实验,一次另类的自我挑战。

　　人过中年,似乎对学理层次的争辩及表达丧失了热情,反而更深切的关注国家的政策变化、科技产业发展乃至国运的走势。但在平时的阅读中,深感中国太大,很容易盲人摸象,用碎片化的观感和个人化的体验来为时代把脉。在跟同事们的交流中时常发现,知识分子偏西化的知识结构以及批判思维的习惯,不容易读懂中国故事;而年轻的大学生则普遍缺乏时间上的沧桑感,以为很多事情从来如此。要理解当代中国,需要一个合理的分析框架,需要基于本土国情的思考逻辑，需要引入更大的时空尺度，这样才不容易跑偏走调，这些都需要努力尝试。

本书在讨论中国时，选择了四个极其重要的观察视角，即大国之间长时段的经济竞争、科技竞争、军事国防竞争和综合国力竞争，每个视角又各自精心选择了若干重要的指标，使用最新的数据，同时引入长时间跨度的比较，来勾勒宏大的国家表现，既为当下中国留下一张"拍立得"，也记录了中国发展的沧桑轨迹。指标还会变化，有了看待国家的这个取景框，也就有了把握变化的方法。

本书在讨论竞争对手欧美时，平静地叙述"家家有本难念的经"。过去，特别是知识分子，对自己的国家严苛，习惯用显微镜和放大镜找茬，对列强则用美颜和油画镜头仰视，这种所谓批判思维的背后，更多是一种早年因为崇洋形成的思想钢印。其实，西方虽然老本还在，但衰退趋势明显。美国的霸权支柱美元-美军-美式科技都出现了各种伤痛，欧洲的安全能力与福利过度也在造成严重后果。

本书在讨论国家战略和未来蓝图时，对中国式现代化进行了大胆阐释，认为其核心是把西方现代化的最伟大成就工业体系植入中华文明的战车，并有希望凭借非凡工业能力最终超越西方文明。人文社科学者的通病是几乎不关心科技和产业的进展，几乎不了解实业的复杂运作及其重大的驱动意义。本书则竭尽所能讨论了高质量发展的国家战略，将其复杂蓝图简约表述为三条主攻路线：科技创新长硬本事、产业升级做大蛋糕、扩大内需过好日子，前两者谋求国强，后者解决民富。在严峻的百年变局下，中国宏观经济的当前困难，主要就在于转型升级尚未完成，还没有彻底摆脱地方卖地-百姓买房-加大杠杆的旧路径依赖。科技正在突破，产业正在迸发，这一光荣荆棘路上，沉舟侧畔千帆过，病树前头万木春。有人看到了沉舟和病树，有人看到了千帆过和万木春，本书坚定乐观。

　　这是一份小小的心灵探索记录，这是一份个人献给伟大时代的小诗。